마중물 독서 2

사랑과 우정에 대하여

머리말
책과 멀어진
그대에게

오늘도 정신없이 바쁜 하루였죠? 정신없이 흘러가는 일상이지만 뉴스도 챙겨봐야 하고, 실시간 검색어도 놓칠 수 없습니다. 남들보다 뒤처지지 않으려고 안간힘을 쓰고 경쟁에서 탈락하지 않기 위해 몸부림칩니다. 4차 산업혁명 시대가 온다는데 인공지능과 로봇이 내 일자리를 뺏어가는 건 아닌지 걱정도 되지요. 사람들은 앞으로 달려가고 세상은 빛의 속도로 발전하는데 나만 제자리인 것 같아 또 불안해집니다. 이런 세상에서 책이라니요?

공부, 진로, 취업, 연애, 결혼, 육아, 노후… 우리가 살면서 걱정하고 고민해야 할 현실적인 일들이 산더미만큼 쌓여 있습니다. 그리고 책 읽기는 안드로메다만큼 멀게만 느껴집니다. 모르는 게 있으면 스마트폰이 해결해주고 '베프'와 이야기 나누는 게 훨씬 도움이 되는 것 같습니다.

이런 현실에서 나를 행복하게 해주는 것은 무엇인가요? 사랑하는 사람을 만나고, 가족과 시간을 보내고, 친구과 수다를 떨고, 재미있는 드라마나 영화를 봅니다. 때로는 여행을 떠나 잠시 자유를 만끽하기도 하죠. 하지만 그 순간도 잠시일 뿐 근본적으로 우리네 삶이 달라지지는 않습니다. 열심히 자기계발에 몰두하고 부동산과 재테크에 열을 올려도 인생은 왜 확 바뀌지 않는 걸까요? 어쩌면 삶의 목적과 방법을 잘못 설계했기 때문은 아닐까요? 이렇게 느끼는 분들에게 책 읽기를 권합니다.

책을 읽는 시간은 나와 오롯이 대면하는 고독의 시간입니다. 스마트 시대에 수많은 사람들과 관계를 맺고 사는 우리는 자신을 돌아볼 시간이 부족하지요. 책 읽기는 그런 속도전의 시간에서 벗어나 내가 누구인지 돌아보고, 나의 생각과 욕망에 대해 들여다보는 순간을 선사합니다. 나를 돌아보고 내가 어떤 사람인지 알면 세상을 주체적으로 살아갈 수 있는 힘이 생기죠. 책 읽기를 통해 사람과 세상을 보는 눈도 달라지고요. 무엇보다 책 읽는 '재미'는 포기할 수 없는 인생의 즐거움 가운데 하나입니다. 책의 내용을 머릿속에서 그리며 작가와 대화를 나누는 동안 영화를 보거나 게임을 하는 것과는 또 다른 즐거움을 느낄 수 있을 겁니다. 스트레스를 해소하는 가장 좋은 방법이 '독서'라는 연구 결과는 너무나 유명한 얘기이죠. 바쁘고 정신없는 일상이지만 틈틈이 책을 읽으며 새로운 생각이 떠오르고 사고가 확장되는 경험을 여러분이 해보았으면 좋겠습니다.

'마중물 독서' 시리즈는 책과 멀어진 사람들을 위해 준비한 기획물입니다. 보다 많은 사람들이 책 읽는 즐거움을 느낄 수 있도록 여러 사람들이 오랫동안 머리를 맞대고 고민했습니다. 쉽고 재미있고 감성적인 글들을 모으고 골랐습니다. 이별, 만남, 사랑, 우정, 배움, 미래 등 일상에서 만날 수 있는 주제들을 다양한 관점에서 살펴볼 수 있도록 글들을 엮었습니다. 무엇보다 책 읽기를 어려워하는 사람들에게 부담이 없는 글이어야 한다는 것에 우리는 의견을 모았습니다. 부디 천천히 음미하면서 책 읽기에서 얻을 수 있는 기쁨과 행복을 느끼길 바랍니다.

물론 이 책을 읽는다고 해서 갑자기 세상이 핑크빛으로 보이지는 않을 겁니다. 다만 책 읽기의 즐거움을 아는 징검다리로 이 책을 활용해보시기 바랍니다. 여유로운 시간에 짧은 글을 한 편씩 읽다 보면 일상에서 부딪히는 다양한 인간사, 세상사에 대해 알게 될 것입니다. 다른 이야기, 다른 책으로 독서를 넓혀가고 싶어질 것입니다. 그렇게 가볍게 시작한 독서가 보다 깊고 넓은 독서로 확장된다면 이 시리즈는 성공이라 할 수 있습니다.

2권 『사랑과 우정에 대하여』는 인간이 겪는 가장 보편적인 감정을 담아냈습니다. 사랑은 인간이라는 존재를 이해하는 가장 중요한 감정이죠. 남녀 간의 열정적인 사랑뿐만 아니라, 오랜 시간 서로를 보듬어온 노년의 사랑, 평범한 사람들은 조금 이해하기 힘든 예술가들의 비범한 사랑, 자식에 대한 부모의 무한한 사랑까지 다양한 사랑의 얼굴을 마주할 수 있습니다. 다채로운 사랑 이야기를 보면서 내가 사랑하는 사람과 나를 사랑하는 사람의 얼굴을 떠올려보는 건 어떨까요?

　우정은 세상을 살아가는 큰 힘이 되어줍니다. 때로는 연인 간의 사랑보다 더욱 우리를 위로해주고 힘을 북돋아주기도 하지요. 우정은 나이와 성별, 종교와 국경을 초월합니다. 책에는 어른과 아이의 우정, 외국인과의 우정, 유년 시절부터 쌓아온 이성 간의 우정, 인류애와 평화를 공유한 우정, 짧은 여행에서 만난 우정까지 담겨 있습니다. 서로를 위하는 진실한 마음이 관계를 지속시켜준다는 것은 우정이나 사랑이나 변함이 없겠지요.

2017년 9월

류대성

차례

머리말 | 책과 멀어진 그대에게   5

1부 사랑에 대하여

우리는 76년째 연인입니다 진모영   13

당신은 나를 사랑하면 안 됩니다? 백영옥   23

별 알퐁스 도데   28

여든 살의 청년 김자야   38

아름다운 노래로 승화된 세기의 삼각관계 안재필   46

사랑은 아무도 다치게 하지 않는다 공지영   63

헬렌 올로이 레스터 델 레이   76

2부 우정에 대하여

우정 피천득	107
그리스인의 우정 박경철	112
박지원과 홍대용의 외국인 사귀기 강명관	120
우정은 명사가 아니라 영원히 움직이는 동사 정여울	125
청구회의 추억 신영복	133
평화를 이해하는 방식 김중미	161
백탑 아래서 벗들과 안소영	172
호텔 니약 따 김애란	187

1부
사랑에 대하여

우리는
76년째 연인입니다

진모영

서로를 알고 난 다음부터 무엇을 하든 함께였다. 같이 있지 않아도 함께였다. 오른팔과 왼팔이 한 몸에 붙어 있듯, 매 순간 어디에서 무얼 해도 곁에 있었다. 76년간의 연인은 그렇게 함께 손을 잡고 생의 언덕을 올랐다. 요즘 사람들은 사랑에 유효기간을 매긴다. 도파민, 옥시토신, 엔도르핀이 사랑을 만든다고 말하면서 말이다. 그들에게 76년은 사랑하기엔 너무 긴 시간일 것이다. 그러나 할아버지와 할머니의 사랑은 시간으로 매길 수 있는 것이 아니었다.

처음엔 사랑이 사랑인 줄도 몰랐다. 이제와 언덕 위에 올라서 보니 모든 것이 사랑이었다. 잠시 떨어져도 그립던 마음, 보자마자 달려가 안아주고 싶던 마음, 넘어지면 일으켜주고 함께 아파하던 마음, 그렇게 늘 곁에 두고 싶던 마음이 사랑이었다.

언덕 아래 펼쳐진 지난 시간은 꽃밭이었다. 사람들은 행복한 삶을 위해 울타리 안에 가시 돋친 장미를 찾지만 할아버지와 할머니는 그러지 않았다. 그들의 인생은 화려한 장미가 아닌 코스모스 가득한 꽃밭이었다. 사람들은 행복한 삶을 위해 울타리 안에 가시 돋친 장미를 찾지만 할아버지와 할머니는 그러지 않았다. 그들 인생은 화려한 장미가 아닌 코스모스 가득한 꽃밭이었다. 가을 들녘 산들바람 사이로 일렁이는, 흔해서 더 반가운 어여쁜 꽃, 지나는 이라면 누구나 볼 수 있고 만질 수 있는 꽃.

무리 지어 피어나면 더욱더 고운 코스모스의 꽃말은 '순정'이다. 순정으로 가득한 할머니 할아버지의 사랑은 특별한 삶이 아니라도 아름다울 수 있다는 걸 가르쳐줬다. 이 부부가 보여준 삶으로 어쩌면 이제 사랑의 유효기간은 다 무효가 될지도 모르겠다.

"밭일 끝나고 저쪽에서 오면 내가 이만큼 나가 기다리고 있거든. 그러면 할아버지가 기다리던 나를 보고 반가워 뛰어와서 확 끌어안아주었어. 이웃이 보면 흉잡힐지 모르니 그저 아이 품듯

안 보이게 꼭 안고 집 담장 안으로 들어오고 그랬어. 어찌나 좋은지, 그때는 땀에 절어 와도 땀 냄새가 하나도 안 나더라니까. 그냥 그렇게 보기만 해도 좋아."

"일 끝나고 어둑해질 때 집까지 한참인데, 저만치 할머니가 보이면. 아니지, 그땐 할머니 아니었지. 안사람이 보이면 얼른 달려가 안아줬지. 누가 보는 게 뭐가 중요해. 반가운데. 그렇게 반가워. 아침에 보고 나왔는데도 반가워서 얼굴 보면 품에 꼭 넣었지. 내가 나기도 전에 아버지와 헤어지고, 혼자 계시던 어머니마저 아홉 살에 돌아가시고 내 편 하나 없이 떠돌다가 만난 인연인데, 나를 보듬어준 유일한 내 편인데 얼마나 소중하겠어."

76년, 짧지 않은 세월. 아니 누군가와 함께 살기에 너무나 긴 세월이에요. 그래도 지루하거나 고되다고 생각해 본 적 없어요. 함께 있어 마냥 행복하고 좋았어요. 솔직히 말하면요. 부모님께 죄송하지만 어머니보다 아버지보다 좋았어요. 그렇게 좋더라구요. 누군가 나만 바라봐주는 게, 내가 사랑을 쏟을 상대가 있다는 게. 이젠 우리도 늙어, 넘어지기라도 하면 큰일 날 나이가 됐지만 하나도 겁나지 않아요. 내 옆에 당신이, 당신 곁에 내가 있잖아요. 사랑하는 사람이 곁에 있다는 건 아주 큰 행운이래요. 76년 동안 사랑

89세 소녀감성 강계열 할머니, 98세 로맨티스트 조병만 할아버지의 사랑 이야기를 담은 영화 〈님아, 그 강을 건너지 마오〉

하는 연인으로 살고 있으니 우리는 참 복이 많은 것 같아요. 그렇지요?

사랑하는 만큼 표현하는 것. 옛날 사람들에게 그것은 사랑하는 것보다 더 어려운 일이었습니다. 부끄러워서 쑥스러워서 아니 그보다 다른 사람들의 이목이 신경 쓰여서 좋아도 좋다고 말할 수 없었어요. "아이구, 남우세스러워라." 한마디에 눈길 한 번 보내기 쉽지 않던 시절이었지요. 지금도 거리를 지나면 저만치 앞서가는 할아버지와 남인 듯 뒤를 쫓는 할머니를 종종 만날 수 있습니다. 정이 없어서라기보다 그렇게 사신 거예요. 나란히 걷는 게 흉이 되던 시대를 사신 탓인 겁니다.

그런데 76년 전에 결혼한, 한참 옛사람들인 이 부부는 그때나 지금이나 나란히 손을 잡고 걷습니다. 가끔은 뽀뽀도 하구요. 이렇게 젊은이들도 부러워할 닭살 부부가 될 수 있었던 데는 할아버지가 세상에 내놓을 만한 로맨티스트였기 때문입니다.

할아버지는요, 사랑하는 만큼 표현할 줄 아는 사람이었습니다. 다른 사람 눈치를 보느라 그걸 감추어서 할머니를 서운하게 하지 않았어요. 우선순위는 늘 할머니였습니다. 그리고 세상 제일인 사람에게 그에 맞는 대접을 해줬지요. 아마 할아버지는 본능적으로 아셨던 것 같아요. 다른 이의 눈치를 보느라 정작 내 눈앞에 있는 사람과의 현재를 놓치는 건 바보 같은 일이라는 걸 말이죠.
할아버지의 이런 성격 덕분에 두 분은 그저 오래된 부부가 아닌 '오래도록 사랑한 부부'가 됐습니다. 그리고 할아버지는 이렇게 돈이나 명예나 명성 따위 없이 상대를 향한 마음을 표현하는 것만으로 특별한 삶을 살았습니다.

"나 별도 따다 줄 거예요?"
"그럼요. 따다 주죠. 두 개 따서 할머니도 하나 주고 나도 하나 갖지요."

사랑은 부끄러운 것이 아니라는 걸, 표현하면 할수록 곱이 된다는 걸 삶으로 알려주신 할아버지와 할머니. 가끔 밤하늘을 보며 할머니가 저 별 좀 따주세요, 하면 할아버지는 얼른 대답했습니다.

"따 줄게요. 곧 내가 따 줄게요."

76년이 지나도록 아직 별을 손에 쥐진 못했지만 그래도 약속은 늘 유효합니다. 이렇게 별도 달도 따다 주고 싶은 예쁜 각시에게 할아버지는 바깥일을 시키지 않았습니다. 요즘이야 흔한 이야기지만 할아버지와 할머니가 청춘을 보내던 시절은 다 자란 어른

이라면 먹고살기 위해 집안의 일꾼이 되어야 했던 때였습니다. 손 하나가 아쉬운 시절이었죠. 집집마다 안사람 바깥사람 구분 없이 나와 밭일을 해야 먹고살 수 있었어요. 일을 하다 말고 아이를 낳는다는 이야기가 흔했던 시절이었습니다. 그래도 할아버지는 할머니에게 바깥일을 시키지 않았습니다.

할아버지는 "여자 하나 건사하지 못하는 건 사내도 아니야"라고 자신 있게 말할 수 있는 삶을 살았지요. 솜씨가 좋은 할아버지는 이곳저곳을 다니며 품을 팔았는데, 낮이면 이것저것 할 수 있는 일들을 했습니다. 가지고 있는 기술로 신작로를 낼 때도, 집을 짓거나 건물을 올리는 곳에서도 품을 팔았어요. 그렇게 낮 동안 품을 팔고 돌아와 밤이면 달빛 아래 김을 맸지요. 밭일은 처음부터 자신의 몫이라고 생각했습니다. 작고 어린 색시가 귀엽고 예뻐서, 내 사람으로 내 식구로 함께 있는 것만으로도 좋은데 험한 일까지 시키고 싶지는 않았습니다.

"왜 일은 시키지 않았어요?"
"예뻐서 안 시켰어요. 일은 내가 다 하면 되니까."

그렇다고 가만히 놀고 있을 할머니가 아니죠. 할머니는 달이 훤한 밤까지 일을 하는 할아버지 곁에서 베를 짰습니다. 지아비만큼

솜씨가 좋았던 색시가 집안에서 할 수 있는 일을 한 거예요. 바깥일을 하지 않아 한 동네에 오래 살도록 웃골인지 냇골인지 나뭇골인지 하나도 몰랐지만, 집안 사정만큼은 할머니 손 안에 있었죠. 바느질과 부엌일은 자신 있었던 할머니. 사람 좋아 마냥 허허 웃는 할아버지를 대신해 아이들을 단속하는 것도 할머니의 몫이었습니다.

할머니는 언제나 깔끔하게 청소를 하고 세 끼 따뜻한 밥을 지었지요. 진부에 살 때만 해도 옥수수에 감자를 많이 먹었지만 아이들 학교 다닐 무렵 옮겨온 횡성에서는 쌀밥을 자주 먹었어요. 할머니는 그것이 새벽 4시에 나가 저녁 9시까지 한눈팔지 않고 가족을 위해 일한 신랑 덕분이라고 생각했습니다. 가족을 위해 몸이 부서지게 일하던 가장과 그 가장을 꼭 닮아 엽렵한 색시. 바라만 봐도 예쁘고 사랑스러운 아내와 살아서 할아버지는 힘든 줄도 몰랐습니다.

이렇게 할아버지는 사랑을 아는 남자였습니다. 지금도 텔레비전을 보다가 할머니가 "아유, 저 곶감 맛있겠네." 혼잣소리를 하면 어느새 사라져, 손에 곶감을 들고 나타나는 그런 로맨틱한 남자라지요. 외로운 삶에 별처럼 찾아온 어린 색시가 넘어지기라도 할까 싶어 그 발걸음을 쫓고, 그러다 정말 엎어져 다치면 얼른 달려와 쓰다듬으며 "호~" 하고 따뜻한 입김을 불어 넣는 그런 친절한 남편. 76년이 지나도록 아내가 너무나 사랑스럽고, 그 앞에서 아흔이 다 된 할머니도 어리광을 부릴 수 있게 해주는 할아버지.

사랑은 지금이다.
사랑은 '하였다'도, '하리라'도 아니다.
언제나 사랑은 '한다'이다.

고은 시인이 말했지요. 네, 그래요. 사랑은 바로 이 순간입니다. 그런 면에서 자신 앞에 놓인 사랑에 열정을 다했던 할아버지. 현재에 최선을 다하는 사랑.
그것을 실천했던 할아버지는 최고의 로맨티시스트입니다.

ⓒ 『님아, 그 강을 건너지 마오』, 진모영 지음, 이재영 엮음, 북하우스, 2015

작가 소개

진모영

다큐멘터리 영화감독. 우연히 방송에 소개된 노부부 이야기를 접하고 연출을 결심했다. 〈시바, 인생을 던져〉로 영화를 시작해 〈님아, 그 강을 건너지 마오〉에서 노부부의 진실한 사랑을 그려 관객과 평단의 호평을 받았다.

느낌들

89세 강계열 할머니와 98세 조병만 할아버지. 다큐멘터리와 영화로도 소개되었던 두 분의 다정한 모습은 젊은 연인들의 모습과 다르지 않다. 낙엽을 서로의 얼굴에 뿌리고, 마당에 쌓인 눈덩이를 나누어 먹으며, 물가에서 빨래하는 할머니 앞에 조약돌을 던지는 살뜰한 사랑. 스물세 살에 데릴사위로 열네 살의 할머니를 만났던 할아버지는 여전히 할머니를 보면 떨리고 애틋해, 잠자는 할머니의 얼굴을 자꾸만 손으로 쓸어내렸다. 두 분을 보면 사랑이라는 감정이 유통기한이 있는 호르몬의 활동에 지나지 않는다는 과학의 핀잔은 저만치 튕겨 나간다. 그래, 사랑에 유통기한은 없을지 모른다. 두 분처럼 서로를 향한 믿음과 사랑을 오랫동안 가꾸어 갈 수 있다면.

당신은 나를 사랑하면 안 됩니다?

백영옥

내 첫사랑은 이상적인 자유주의자였다. 그는 베란다에 꽃을 키우지 않는 집에는 벌금을 물리겠다는 일명 '화초법'에 대해 이야기하곤 했는데, 그의 말투는 그가 가진 선의와 다르게 다소 독재적으로 느껴졌다. 하지만 나는 마음을 홀딱 빼앗긴 상태라, 그저 그의 말에 고개를 끄덕이기만 했다.

그는 기계공학과 학생이었지만 몇 년 후, 한의대에 입학했다. 그리고 꽤 많은 시간이 흘러, 전라도인지 경상도인지 가물거리는 어느 산골 마을에 들어가 아내와 세 명의 아이들과 함께 황토와 나무로 한의원을 짓고, 자연 친화적인 진료를 하며 평온하게 지내고 있었다. 그런 걸 시시콜콜 어떻게 아냐고? KBS 〈인간극장〉을 보고 알았다. 우연히 텔레비전에 나온 예의 그 덥수룩한 수염을 보고, 나는 그 남자가 헨리 데이비드 소로 내지는 스콧 니어링인 줄 알았는데, 바로 내 첫사랑이었다.

그때, 나는 남자의 콧수염에 대한 기사를 쓰고 있었다. 사표를 내면 남자들은 왜 수염을 기르는가! 이것이 기사의 부제였다. 그래서 얼굴 전체를 뒤덮으며 중구난방 뻗쳐 있는 그의 덥수룩한 수염을 마음속으로 몇 번이고 그루밍하고 있었다. 야근에 찌든 날, 맥주에 치킨 뒷다리를 뜯다가 그런 식으로 첫사랑의 소식을 보게 된다는 건 깊은 회한을 불러일으킨다. 중요한 건 채식과 단식, 자연식을 고집하는 그의 생활태도로 보아하니, 그와의 사랑이 기적적으로 이루어졌다 해도, 나는 오래전에 '아웃'될 사람이었다는 것이다. 인스턴트와 패스트푸드에 쩐 타락한 도시인! 즉석밥과 김이 없으면 굶어 죽기 십상일 아주 보통의 직장인….

"여보! 함께 별을 보아요."

하지만 그가 육아에 지친 아내를 위해 자신의 자동차 지붕 위에 담요를 깔 때, 나는 감사했었다. 하늘이 무너질 듯 반짝이는 별을 보면서, 그가 아직 별을 헤아리는 남자라는 게 다행스러웠다.

그것은 20년 전, 누구도 보지 못한 '한 남자의 반짝거리는 한때'를 지켜봤던 내 청춘과도 맞닿아 있었다.

첫사랑과 이별한 후, 나는 남자들을 연달아 만났다. 그건 아무래도 '차인' 여자가 보여줄 수 있는 최선의 자기방어책이었다. 사람은 사람으로 잊어야 한다는 지론을 가진 한 친구는 내게 줄기차게 남자를 소개해주었는데, 나로서도 거절할 명분이 딱히 없었다.

첫사랑 실패 후, 내가 얻은 교훈은 한 가지였다. 나는 한번 가졌던 마음에 대한 애착이 워낙 강한 사람이라는 것이었다. 마음먹는 게 힘든 사람은, 그 마음을 거두는 것에도 엄청난 고통과 어려움을 겪는다.

가령 첫사랑 실패 후 내 데이트는 이런 식이었다. 첫사랑에 비해 그는 키가 너무 크고, 첫사랑과 비교해 그는 너무 현실적이며, 첫사랑에 비해 그는 너무 적극적이다. 키가 크고, 현실적이며, 적극적이란 건 어떤 여자들에겐 틀림없이 장점이 될 만한 요소인데도, 나는 그 남자들에게 터무니없이 야박하게 굴었다. 무엇보다 '누구누구에 비하여'라는 망령에 시달리는 여자의 연애가 제대로 될 리가 없었다.

그 시절의 나는 남자에 관해서라면 냉혹해지는 데 거침이 없었다. 나는 누구도 진심으로 좋아하지 않았기 때문에, 누구에게도 상처받지 않고 쿨해질 수 있었다. 그래서 내게 사랑을 고백한 남자 앞에서 영화 〈카페 느와르〉의 정유미가 했던 말과 비슷한 얘길 아무렇지도 않게 할 수 있었던 거다.

"당신은 나를 사랑하면 안 됩니다!"

그렇게 쿨하게 거리감을 유지하자 상처받는 일은 적어졌다. 하지만 그렇게 조심스레 살아서 내 삶이 더 풍성해졌나? 그건 데이트지 연애가 아니었다. 그런 게 사랑 비슷한 것일 리도 없었다. 싫다고 해서, 견디기 힘들다고 해서, 만약 사랑에 외로움이나 질투 같은 감정을 뺀다면 그게 여전히 사랑일 수 있을까?

첫사랑이 너무 잘 살면 배가 아프다. 하지만 첫사랑이 너무 못 살면 가슴이 아프다. 배 아프면 먹을 약이라도 있지만, 가슴 아픈 데는 장사 없다. 첫사랑, 당신이 잘 살아서 다행이다.

ⓒ 『빨간머리 앤이 하는 말』, 백영옥 지음, 아르테, 2016

작가 소개

백영옥

『빨간머리 앤』, 『키다리 아저씨』를 좋아하는 소녀였다. 2006년 단편 「고양이 샨티」로 문학동네 신인상을 수상하며 등단했다. '신상 명품'에 목숨 거는 패션지 에디터의 삶을 실감 나게 그려낸 첫 장편소설 『스타일』로 제4회 세계문학상을 수상한 바 있다.

느낌들

이 글의 제목 끝에 붙어있는 물음표는 이별의 상처로 인해 타인과 의도적으로 거리를 두었던 지난날의 자신에 대한 의문이다. 누군가에게 너무 깊이 빠져들어서 다른 사람의 감정과 손길을 읽어내지 못했던 한눈팔기가 짝사랑이었건 혹은 첫사랑이었건 간에, 우리는 사랑에 눈멀었다는 뻔한 문장이 자신을 아프게 건드리는 순간을 만나곤 한다. 사랑에 외로움이나 질투 같은 감정의 뺄셈이 허락되지 않듯이, 애증이라는 서로 다른 성질의 감정이 아무렇지 않게 양립할 수 있는 것도 사랑의 방정식이 아닐까. 그래서 하나하나 이름 붙일 수 없었던 그 감정의 물음표를 우리는 사랑이라고 부르는 걸까?

별
프로방스 지방의 어느 목동 이야기

알퐁스 도데

내가 뤼브롱 산에서 양치기로 지냈을 때 일이다. 당시 나는 마을 사람들과 떨어져 목초지에서 사냥개 라브리와 함께 양을 치며 몇 주씩 지내야 했다. 이따금 약초를 찾으려고 그곳을 지나는 뤼르 산의 수도사들이나 거뭇거뭇한 얼굴의 피에몽 석탄 상인들 몇몇을 보는 것이 고작이었다. 그들을 통해서는 아래쪽 마을과 도시 소식을 전혀 알 길이 없었다. 그들은 사람들과 왕래하지 않는 소박한 생활을 했고, 또 말도 별로 없었기 때문이다. 그래서 보름마다 보름치 식량을 들고 비탈길을 올라오는 농장의 노새 방울 소리가 들리고 언덕 위로 미아로(농장 하인)의 쾌활한 얼굴이나 노라드 아주머니의 붉은 머리쓰개가 보이면 나는 무척이나 행복했다. 세례식이나 결혼식 같은 아랫마을의 새로운 소식을 들을 수 있었기 때문이다. 특히 주인집 딸인 스테파네트 아가씨가 어떻게 지내고 있는지가 가장 궁금했다. 근방에서 아가씨보다 예쁜 소녀는 없었다. 나는 관심 없는 척하면서 아가씨가 댄스 파티나 전야제에 너무 많이 가지는 않는지, 새로 생긴 남자친구는 없는지 등을 물었다. 산중의 가난한 양치기에게 그런 것들이 무슨 소용이냐고 묻는다면 나는 이렇게 대답할 것이다. 그때 내 나이가 스물이었고, 스테파네트 아가씨는 내 평생에서 가장 아름다운 사람이었노라고.

 어느 일요일, 기다리던 보름치의 식량이 오지 않았다. 아침에는 '대미사가 있어서겠지'라고 생각했다. 정오쯤에는 폭우로 길이 나빠져서 노새를 몰기 힘들기 때문이라고 생각했다. 오후 3시쯤 하늘이 개고 물기에 반사된 태양빛으로 산이 반짝거릴 때였다. 마침내 나뭇잎에서 물방울 떨어지는 소리와 불어난 계곡물이 흐르는 소리 사이에서 부활절에 울리는 종소리만큼 명랑하고 활기찬 노새의 방울 소리가 들려왔다. 그런데 노새를 몰고 오는 사람은 미아로도, 노라드 아주머니도 아니었다. 누구인지…맞추어…보시라! 바로 스테파네트 아가씨였다! 폭우가 지나간 시원한 산 공기로 얼굴이 빨갛게 상기된 아가씨가 노새 위의 버들 바구니 사이에 앉아 있었다.

미아로는 아팠고 노라드 아주머니는 휴가를 얻어 자식들 집으로 갔다고 했다. 바로 노새에서 내린 아름다운 스테파네트 아가씨가 이 모든 것을 말해주었다. 그리고 오는 도중에 길을 잃어서 늦게 도착했다고도 알려주었다. 그렇게 말하는 아가씨는 꽃리본을 달고 화려한 레이스 무늬의 치마를 입고 있었다. 마치 숲속에서 길을 잃었다기보다 어느 무도회에 갔다 오느라 늦게 도착한 것 같았다. 너무나도 아름다운 스테파네트! 나는 그녀에게서 도저히 눈을 뗄 수 없었다. 이토록 가까이에서 본 적은 정말 처음이었다. 겨울에 이따금 저녁을 먹기 위해 양 떼를 몰고 마을 농장으로 내려가면 아가씨를 볼 수는 있었다. 하지만 그때마다 아가씨는 깔끔하게 치장을 한 채 아이들에게는 거의 말을 걸지 않고 새침하게 지나가 버리곤 했다. 그런 아가씨가 지금 내 앞에 있었다. 오로지 나만을 위해. 그러니 정신이 없을 만도 하지 않은가?

  아가씨는 바구니에서 식량을 꺼내고 호기심 가득한 눈으로 주위를 둘러보았다. 그리고는 예쁜 옷이 더러워질까 봐 치마를 살짝 추켜올리고 우리 안으로 들어왔다. 그다음 내가 자는 곳, 양가죽을 깐 짚방석, 벽에 걸린 커다란 망토, 지팡이, 화승총을 보고 싶어 했다. 아가씨는 모든 것을 즐거워했다.

  "그러니까, 네가 여기서 산다는 말이지? 이렇게 혼자 있으면 얼마나 심심할까! 무엇을 하며 지내니? 무슨 생각을 하고 말이야?"

나는 대답하고 싶었다. "당신을 생각하면서요, 아가씨"라고. 거짓말은 아니었다. 그렇지만 당황해서 한마디도 대답하지 못했다. 이를 눈치챘는지 아가씨는 나를 더욱 당황하게 만들려고 짓궂게 장난을 쳤다.

"그래, 예쁜 여자친구가 가끔 널 보러 오기도 하니? 그러면 정말이지 황금빛 암산양이나 산꼭대기를 뛰어다닌다는 에스테렐 요정을 보는 것 같겠구나…."

이렇게 말하고는 머리를 뒤로 젖히며 귀엽게 웃고 나타나자마자 가야겠다고 말하는 아가씨야말로 내게는 영락없는 에스테렐 요정이었다.

"잘 있어."

"안녕히 가세요, 아가씨."

그리고 아가씨는 빈 바구니를 들고 떠났다.

아가씨가 비탈길 아래로 사라지면서 노새 발굽에 채어 구르는 자갈 하나하나가 내 마음속으로 떨어지는 것 같았다. 나는 그 소리를 오래오래 들었다. 그리고 꿈결 같은 시간이 달아날까 봐 날이 저물 때까지 그 자리에서 몽롱한 상태로 가만히 서 있었다. 저녁이 되자 계곡 골짜기가 푸르게 변했다. 양들은 울타리 안으로 들어오려고 소리 내어 울며 서로 몸을 밀쳤다. 바로 그때, 비탈길 쪽에서 나를 부르는 소리가 들리더니 생글거리던 얼굴은 온데간데없고 물에 젖어 추위와 두려움에 오들오들 떨고 있는 아가씨가 보였다.

언덕 밑에서 폭우로 불어난 소르그 시내를 건너려다 물에 빠진 모양이었다. 설상가상으로 밤이 늦어 농장으로 돌아가기는 어림도 없었다. 지름길이 있기는 하지만 아가씨 혼자서 그 길을 찾아가기란 힘들었고, 나 또한 양 떼들을 두고 떠날 수는 없었다. 산에서 밤을 보내면 가족들이 걱정한다며 아가씨는 안절부절못했다. 나로서는 최선을 다해 아가씨를 안심시키는 수밖에 없었다.

"7월이라 밤이 짧아요, 아가씨. 그러니 잠깐만 고생하시면 돼요."

그리고 나는 아가씨가 소르그 시내에 흠뻑 젖은 발과 원피스를 말리도록 불을 활활 피웠다. 우유와 산양 치즈도 아가씨 앞에 가져다주었다. 그러나 이 가여운 아가씨는 불을 쬐려고도, 음식을 먹으려고도 하지 않았다. 눈물만 글썽거릴 뿐이었다. 그 모습을 보니 나 역시 울고 싶었다.

밤이 찾아왔다. 해가 저무는 방향에서 안개가 끼기 시작한 산꼭대기에 햇살 한 줄기만 어슴푸레하게 비쳤다. 나는 아가씨가 우리 안으로 들어가 쉬도록 했다. 새 지푸라기 위에 한 번도 쓰지 않은 부드러운 모피를 깔고 아가씨에게 안녕히 주무시라고 인사를 한 뒤 바깥으로 나와 문 앞에 앉았다.

사랑의 불꽃으로 피가 들끓는 중에도 내가 나쁜 생각은 눈곱만치도 하지 않았다는 사실을 신께서는 알고 계시리라. 아가씨가 자신을 신기하게 바라보는 양들과 함께 우리 한구석에서 잠잔다고 생각하니 마음이 벅차올랐다. 내가 보호하는 어느 양보다 더 소중하고 순결한 양인 듯 말이다. 그토록 밤하늘이 깊고 별들이 반짝거려 보인 적은 없었다.

그런데 갑자기 문이 열리더니 사랑스러운 스테파네트 아가씨가 밖으로 나왔다. 아가씨는 잠을 이루지 못한 듯했다. 양들이 잠결에 지푸라기를 버석거리거나 소리내어 울었기 때문이다. 아가씨는 불가로 오는 편이 낫다고 생각한 것 같았다. 다가와서 앉는 아가씨의 어깨에 나는 암염소 모피를 걸쳐준 뒤 불길을 더욱 활활 타오르게 했다. 그리고 우리는 한동안 아무 말 없이 나란히 앉아 있었다.

밤을 지새운 경험이 있다면 사람들이 잠드는 고요하고 적막한 시간에 신비한 세상에 열린다는 것을 알리라. 냇물은 낮보다 한층 청아한 소리를 내며 흐르고, 그 물이 만나는 연못에서 작은 불꽃들이 일렁인다. 산의 온갖 정령들은 자유롭게 노닐기 시작하고, 조용한 가운데서도 나뭇가지가 자라고 풀잎이 돋아나는 소리들이 들린다.

낮이 동물들과 식물들의 세상이라면, 밤은 흙과 돌과 물의 세상이다. 이러한 밤의 세상에 익숙하지 않은 사람들이라면 두려움을 느끼기 마련이다. 아가씨도 몸을 떨며 아주 작은 소리만 나도 내게 바짝 달라붙었다. 그런데 저 아래쪽에 반짝이는 연못에서부터 길고도 처량한 울음소리가 우리 쪽으로 들려왔다. 동시에 별똥별 하나가 우리 머리 위를 지나 연못으로 떨어졌다. 방금 들은 소리가 빛을 품어 버린 것 같았다.

"저게 뭐지?"

스테파네트 아가씨가 나지막한 소리로 물었다.

"천국으로 들어가는 영혼이에요, 아가씨."

그렇게 대답하고 나는 성호를 그었다. 아가씨도 나처럼 성호를 긋고는 잠시 고개를 들고 깊은 생각에 빠진 채 하늘을 보았다. 그리고 말했다.

"너희 양치기들은 주술사라던데, 그게 정말이니?"

"그럴 리가요. 다만 우리는 여기서 별들과 가까이 지낼 뿐이에요. 그래서 평지에 사는 사람들보다 별들에게 일어나는 일들을 더 잘 알 수 있죠."

모피를 두른 채 턱을 괴고 마냥 하늘을 바라보는 아가씨는 천상의 작은 목동 같았다.

"이렇게나 별이 많다니! 정말 아름다워! 이렇게 많은 별들을 보는 건 처음이야…. 넌 저 별들의 이름을 알고 있겠지?"

"물론이죠. 바로 우리 머리 위에 있는 것은 '성 야곱의 길'(은하수)이에요. 프랑스에서 스페인 방향으로 뻗어 있지요. 샤를마뉴 대제가 사라센 제국과 전쟁을 할 때 갈리스의 성 야곱이 그에게 길을 알려주려고 그어 놓은 것이랍니다. 저 멀리 있는 것은 빛나는 네 개의 바퀴를 가진 '영혼들의 수레'(큰곰자리)고요. 그 앞을 지나가는 세 개의 별은 '세 마리 짐승'이고, 그 곁에 있는 아주 자그마한 별은 '마차꾼'이에요. 그 주변으로 무수히 흩어져 있는 별들이 보이죠? 그건 신께서 자신의 나라에 들이고 싶지 않은 영혼들이랍니다. 조금 더 아래쪽에 있는 것은 '갈퀴' 또는 '세 명의 왕'(오리온자리)이라고 하고요. 저 별이 우리 목동들에게 시계 역할을 해준답니다. 저는 저 별을 보기만 해도 지금 자정이 지났다는 걸 알 수 있지요. 조금 더 아래, 남쪽 방향에는 별들의 횃불이라 불리는 '장 드 밀랑'(시리우스)이 빛나고 있네요. 저 별에 대해 목동들은 이렇게 이야기해요. 어느 날 밤, 장 드 밀랑이 세 명의 왕과 '닭장'(플레이아데스 성단)과 함께 친구 별의 결혼식에 초대를 받았대요. 가장 성격이 급한 닭장은 맨 먼저 결혼식장으로 출발했답니다. 저기 하늘을 보세요. 맨 위에 있지요. 세 명의 왕은 아래쪽 길을 가로질러 닭장을 따라갔대요. 그런데 이 게으른 장 드 밀랑이 늦잠을 자는 바람에 너무 뒤처진 거예요. 화가 난 장 드 밀랑은 앞서가는 두 별을 멈춰 세우려고 지팡이를 냅다 던졌대요. 그래서 세 명의 왕을 '장 드 밀랑의 지팡이'라고도 부른답니다. 그렇지만 이 중에서 가장 아름다운 별은 바로 우리의 별, '목동의 별'이랍니다. 우리가 양 떼를 몰고 나서는 새벽이나 다시 돌아오는 저녁에 우리를 비춰 주는 별이지요. 우리는 그 별을 '마글론'이라고도 불러요. 아름다운 마글론은 '프로방스의 피에르'(토성)를 따라가 7년마다 결혼식을 올리죠."

"뭐라고? 별들도 결혼을 한다고?"

"그럼요, 아가씨."

그리고 아가씨에게 별들의 결혼에 대해 설명해주려고 했을 때 싱그럽고 가녀린 무언가가 가볍게 내 어깨 위로 내려앉았다. 리본과 레이스, 구불구불한 머리카락을 살랑이며 기대어 온 것은 잠결에 무거워진 아가씨의 머리였다. 날이 밝아 하늘의 별들이 창백해질 때까지 아가씨는 꼼짝도 하지 않았다.

가슴 깊은 곳의 떨림은 어쩔 수 없었지만 나는 그 투명한 밤으로부터 오직 아름다운 것만을 생각할 수 있도록 보호를 받으며 잠든 아가씨를 바라보고 또 바라보았다. 우리 머리 위로 별들이 양떼처럼 조용하게 얌전하게 움직이고 있었다.

이따금 이런 생각이 머리를 스치곤 했다. 저 수많은 별들 중 가장 가냘프고 빛나는 별 하나가 길을 잃고 내 어깨에 내려앉아 곤히 잠들었노라고⋯.

ⓒ 『별-아름다운 고전 세계 단편 명작선』, 알퐁스 도데 외 지음, 정윤희·박효은 옮김, 인디고, 2016

작가 소개

알퐁스 도데

풍부한 서정과 잔잔한 묘사로 유명한 19세기 후반의 프랑스 소설가. 「별」은 산속에서 우연히 짝사랑하던 아가씨를 만나 함께 밤을 지새우게 된 양치기 소년의 풋풋하고 순수한 마음을 아름답게 묘사한 작품이다.

느낌들

매일 찾아오던 미아로나 노라드 아주머니는 나의 외로움에 숨통을 틔워 준 존재들이었다. 늘 꿈꾸었지만 준비되지 못했던 아가씨와의 만남. 차분해 보이지만 맥박은 빨라지고 서툴고 초라한 자신의 신분을 상기하는 목동의 자존감은 그 어느 때보다 떨어져 있다. 그럼에도 불구하고 아가씨가 돌아왔을 때, 그는 아가씨를 지키는 파수꾼이 되기로 한다. 양들이 길을 잃을까 걱정했던 목동은 하늘처럼 광활한 벌판에서 길 잃은 아가씨의 불안을 따스한 모닥불과 아름다운 별 이야기로 녹여준다. 그는 자신의 마음속에 키워 놓았던 연정을 울타리 밖으로 내몰지 않았다. 별은 목동을 지켜주었고, 목동은 양을 지켜주었으며, 아가씨는 목동의 마음에 남아있던 순수함을 지켜준 셈이다.

여든 살의 청년

김자야

당신 보시옵소서.

여보! 다시 새봄이 왔군요.

오늘 오후 창밖으로 내다보이는 한강의 물빛이 한결 파아란 봄빛을 띠고 있더이다. 당신이 계신 북방에도 봄이 찾아왔는지요?

저는 오늘 밤도 당신을 그리워하며 잠을 이루지 못합니다. 밤이 깊어갈수록 정신은 더욱 또렷하게 맑아져서 드디어 자리에서 일어나 눈을 감고 가만히 앉아 있었습니다. 그리고는 머리맡에서 저를 바라보며 은은히 웃고 있는 당신의 사진 앞으로 다가가서 한 자루의 향에 불을 붙여놓고, 지금 이 글을 쓰고 있습니다. 당신 앞에서 피어오르는 그윽한 향내가 당신의 자애롭던 성품처럼 온 방을 가득 채우고 있습니다.

곰곰이 생각해 보면 이 자야는 오로지 당신만을 한없이 영원히 사랑했고, 당신의 그 청순하고 뜨거운 사랑에 감싸인 채 영원히 그 품 안에 잠기어버린 가장 행복한 여인이었습니다. 또 돌이켜 보면 이 세상에서 당신께 큰 고통과 번민만을 안겨드린 가장 죄 많은 여인이기도 했지요.

어쩌다 둘이는 나뉘어지고, 당신이 이역만리 만주 땅으로 떠나신 후, 자야는 이제나저제나 당신을 마음속으로 기다리고 그리워하며 살아왔습니다.

당신을 기다리는 이 마음은 수자리 살러 간 낭군을 기다리는 「자야오가」의 주인공 자야의 설움과도 같습니다. 차라리 정배라도 가셨던들 우리 같은 하늘 아래에서 호흡을 통할 수 있었으련만, 도대체 당신이 가 계신 그곳은 어디입니까?

이제 제가 백발 노파가 되어버린 오늘에서야 겨우 당신의 젊던 날, 애틋한 정열에 넘치는 추억 어린 시집 한 권을 손에 받아들었습니다. 당신의 칠순 생신을 맞이하여 드디어 품에 안아보는 당신의 시 전집.

쓸쓸하고도 때늦은 후회의 아픔은 굽이굽이 지난날 저의 죄상을 일깨워줍니다. 다시는 돌이킬 수 없는 아득히 흘러간 세월, 저는 참회하는 심정으로 당신께 무슨 큰 벌이라도 받고 싶습니다.

그러나 달리 속죄할 길은 없고, 당신의 생신날 아침이면 하루 온종일 곡기를 끊고 굶어왔어요. 그렇게 해온 지 어느덧 이십 년도 훨씬 넘었지요. 이날이면 몸을 가벼이, 마음도 깨끗하게 비우고, 오직 경건한 마음으로 저는 깊은 반성과 참회의 시간에 임합니다.

그리하여 저는 그것으로나마 그 죽음과 같은 쓸쓸함 속에서 희미하게 불타는 당신의 영혼을 달래고자 합니다.

음력 팔월 열나흗날은 제 어머니의 거룩하신 탄신일.

십이월 초닷새는 자야가 태어난 가장 슬픈 날이자, 어머님께서 가장 고통에 겨우셨던 날입니다.

이날을 기해서도 저는 하루 단식을 해온 지 어언 스무 해가 넘었어요.

이제 음력 칠월 초하루 당신의 생신날까지 보태어서 저에게는 해마다 세 번의 참회지일懺悔之日이 반드시 정해져 있습니다.

인생은 일일삼성一日三省이라 했거늘, 비록 연중 세 차례나마도 저에게 있어서는 자못 엄숙하고 지중한 날이 되었습니다.

1988년 팔월 스무이튿날. 음력으로는 칠월 초하루.

당신께서 77세 되시는 오늘 아침은 당신의 희수喜壽 생신일입니다. 그러나 저는 당신이 26세 때에 찍은 사진만을 바라보고 있습니다. 이 안타까운 심정을 어찌하면 좋겠습니까? 저의 꽃다운 청춘이 회상되는 감회를 어찌 다 표현할 길 있사오리까. 다만 두 사람의 빗나간 운명이 그저 원망스러웁고, 또 그때 그 시절이 후회스럽기만 합니다. 사뭇 한탄스러웁고, 저주스럽기도 합니다.

당신께서 만약 저랑 함께 살아오셨더라면 인생 일대의 가장 기쁜 날이 되었을 희수 생신일.

오늘 같은 큰 잔치를 맞이하여 저는 그 누구보다도 정중한 자세로 당신 앞에 앉아서 "명잔命盞 한잔 드사이다! 복잔福盞 한잔 드사이다!"라고 권주가를 부르며, 이 자야는 당신께 먼저 축복의 술잔을 받쳐 올렸을 것입니다.

그러나 이렇게 술잔조차 권해 올릴 유일한 일점 혈육이 지금 당신께는 아무도 남아 있지 아니합니다.

다정했던 김지金之 이지李之 제형諸兄 숙백叔伯, 모두들 다 어디 가고, 당신은 한잔 술조차 권하는 이 없이 차디찬 북녘땅, 그 어느 청초 우거진 골짜기 속에 누워 계시는지요?

당신의 넋이라도 만약 오셔서 저의 이 광경을 보셨다면 제가 얼마나 말없이 애달프게 생각되셨을 것이며, 또 얼마나 저를 가엾게 여기셨을까요?

저는 당신께 부칠 길 없는 이 편지를 쓰다가 그대로 방바닥에 엎어져 당신을 부르며 마냥 어깨를 들먹이고 흐느끼기만 합니다. 서러운 저의 통곡은 당신이 계신 구천까지도 분명히 메아리쳤을 거예요. 아니 어느 틈에 당신께서도 눈가에 벌써 많은 이슬방울이

맺혀 두 볼까지 젖으셨군요.

당신이시여!

저의 이 애처로운 심사를 대관절 어찌하오리까? 어찌하오리까? 이내 간장 썩어내리는 고분지탄苦憤之嘆의 서러운 통곡! 정열에 불태운 당신의 한 많은 영이시여!

그 정열의 꽃빛도 보지 못한 채 허무하게 시들어버린 슬픈 갈대여!

당신이시여!

슬퍼만 마세요. 외로워하지만 말으세요.

당신께서 그 순정 아낌없이 바치어 사랑하시던 당신의 '마누라' 자야가 지금 이같이 당신 옆에서 함께 슬픔을 나누고 있지 않습니까? 그 숱한 세월을 남과 북으로, 혹은 이승 저승으로 나뉘어져 있었어도 저는 여전히 당신을 잊지 못합니다.

그리운 당신이시여!

앞의 편지를 쓴 뒤에 석삼 년이 지나서 저는 다시 이 글을 계속해서 씁니다. 아무리 세월이 지났어도 당신과의 일들은 어제런 듯 생생하기만 합니다.

오늘은 1991년 칠월 초하루. 바로 당신의 팔순 생신날 아침입니다.

덧없는 세월은 수이도 흘러흘러, 바로 이날 어느덧 당신의 여든이 다가왔군요.

우리 생애에 있어서 이별의 세월은 두 사람의 삶을 몽땅 묻어 버린 공간인 줄 알았더니, 그래도 분망한 초침은 멈추지 않아 덧없이 세월은 흘러갔습니다.

오호! 전생前生 차생此生이라, 그 무삼 인연이 그리 깊고도 지중하였던고.

당신의 약관 26세. 내 약기若紀는 22세. 애련했던 우리들의 청춘은 이제 뜨거운 눈물에 젖어 비정한 사랑의 술래잡기만 줄곧 이어집니다.

함흥에서 서울까지의 그 머나먼 천리길을 생각합니다.

어리석은 도망꾼의 나그네길은 길고도 고달프고, 또 슬프고 외롭기만 했습니다. 당신은 이런 저를 주소도 지도도 한 장 없이 끝없이 뒤쫓기만 하던 정열의 술래였지요?

그대의 손을 떠나면 곧 망가져버리는 이 가련한 철부지를 호랑나비같이 용기를 내어 찾아와 저를 온통 사랑의 둥지에 가두어놓던 당신! 우리 두 사람은 정다운 원앙새 한 쌍이 되었고, 당신은 저를 사랑으로 길들이고 정열로 다스리셨습니다. 저의 모든 것을 고와하고 행복해하던 당신이셨습니다.

옆에 있어도 마주하기보다 거리가 먼 것 같아 하시던 당신! 그 연연한 사랑만은 영원히 변하지 않았건만, 신의 시기와 질투였던가? 뜻하지 않은 이별이 찾아와 우리는 어이없이 남과 북으로 나뉘어지고 말았습니다. 이별로 말미암아 겪게 된 그 애절한 그리움을 곰삭이면서, 저는 춘풍추우, 서글픈 세월만을 약으로 삼고 살아왔습니다. 이제나저제나 당신을 기다리며 저는 끌려오듯 살아왔습니다.

그런데 오늘이 벌써 그대 팔순, 저도 백발이라니! 그토록 당신이 어여삐 여기고 살뜰히도 고와하던 제가 어느덧 당신보다 꼭 4년이 뒤처진 팔순의 노파가 되고 말다니요? 이것이 바로 세상사의 무상함이란 것인가요?

갖가지 원한으로 뭉쳐져 말없이 타오르는 한 자루의 향심香心만이 저 혼자서 쇠리쇠리 꺼져갑니다.

1991년 7월 초하루

당신의 팔순 생일날 아침에

당신의 子夜 올림

ⓒ 『내 사랑 백석』, 김자야 지음, 문학동네, 1996

작가 소개

김자야

본명은 김영한. 백석의 유명한 시 「나와 나타샤와 흰 당나귀」에 나오는 아름다운 나타샤가 바로 그녀다. 『내 사랑 백석』을 통해 연인 백석과의 애틋한 사랑 이야기를 담았다.

느낌들

함흥 영생여고보의 영어교사로 부임해 있던 스물여섯의 청년 시인 백석과, 문재를 지닌 스물여섯의 기생 김영한 여사의 짧은 만남과 긴 이별은 잘 알려진 이야기다. 팔순을 바라보는 백발의 노파가 되어 부치지 못할 편지를 쓰며 정인의 생일날마다 곡기를 끊고 경건한 마음으로 보내고 있다는 담담한 고백이 주는 감동이 묵직하게 다가온다. 수자리를 살러 간 남편을 기다리는 여인의 마음을 담은 이태백의 시 「자야오가」에서 따온 이름을 그녀의 아호로 붙여 준 시인은, 먼 훗날 자신들이 그 노래의 주인공이 된다는 걸 알지 못했다. 자신이 평생 얻은 재산이 사랑하는 이의 시 한 줄에 미치지 못한다고 말했던 여사의 간곡한 그리움이 아프고, 아름답다.

아름다운 노래로 승화된 세기의 삼각관계
조지 해리슨 & 에릭 클랩튼 & 패티 보이드

안재필

가장 보편적이고 이상적인 사랑은 한 남자와 한 여자의 사랑이다. 남녀가 만나 서로의 가슴속에 존재하며 하나가 되어 운명처럼, 필연처럼 함께 사는 것이 대부분의 사람들이 꿈꾸는 사랑의 모습일 것이다. 하지만 여기에 한 사람의 이방인이 불쑥 끼어들면 상황은 달라진다. 흔히 삼각관계라 불리는 이 사랑의 트라이앵글은 당사자들 모두에게 슬픔과 충격, 고통을 안겨준다.

특히 긴장감 넘치는 팽팽한 줄다리기를 하다 끈을 놓쳐버리고 사랑의 쓴잔을 마신 사람은 커다란 절망과 상실감을 느끼게 된다. 우리는 이런 사랑과 슬픔의 볼레로를 드라마, 영화, 소설 그리고 주변에서 돌고 도는 이야기를 통해 쉽게 보고 듣는다. 이 같은 러브스토리는 당사자들에게는 매우 심각하고 평생 짊어지고 가야 할 짐이 되기도 하지만, 보는 이들에게는 짜릿함과 아슬아슬함 같은 미묘한 쾌감을 선사해준다. 팝 음악 역사 속에는 아직도 음악 팬들에게 회자되는 전설의 삼각관계가 있다. 바로 영국 런던 출신의 미녀 모델 패티 보이드를 놓고 벌였던 조지 해리슨과 에릭 클랩튼의 한판 승부가 그것이다. 1964년 시작되어 1989년에 막을 내린 그들의 운명적인 스토리는 영화 속 이야기보다 훨씬 드라마틱하고 흥미진진하게 진행되며, 손에 땀을 쥐게 만들었다.

한 여자를 사이에 둔 조지 해리슨과 에릭 클랩튼의 사랑싸움이 지금도 많은 이들에게 흥미를 유발시키고 있는 것은 단순히 개인적인 이야기로 끝난 게 아니라 노래에 담겨 전 세계에 울려 퍼졌기 때문이다. 패티 보이드와의 사랑이 충만함을 만방에 알린 조지 해리슨의 러브송 「썸씽 Something」, 패티에게 차여 비탄에 빠진 마음을 구슬프게 노래한 에릭 클랩튼의 비가 「레일라 Layla」 그리고 결국에는 사랑을 쟁취하게 된 기쁨을 표현한 에릭 클랩튼의 로맨틱 송 「원더풀 투나이트 Wonderful Tonight」 등은 불멸의 명곡으로 자리를 잡으며 대중들의 심금을 울렸다.

그래서 호사가들은 노래를 만들지도 부르지도 못했던 패티 보이드를 '음악의 여신' 뮤즈에 비유하고 있고, 뮤즈가 음악 경연의

심판을 봤던 아폴론과 마르시아스의 대결을 친한 친구 사이였지만 연적이기도 했던 조지 해리슨과 에릭 클랩튼의 그것에 빗대곤 한다. 그들의 상황이 뮤즈를 앞에 두고 누가 음악 실력이 더 뛰어난가를 겨뤘던 신화 속의 장면과 매우 흡사하기 때문이다.

조지 해리슨과 패티 보이드의 첫 만남

조지 해리슨과 패티 보이드의 만남은 1964년으로 거슬러 올라간다. 패티 보이드가 비틀스의 첫 영화 〈하드데이즈 나이트A Hard Day's Night〉의 촬영장에 단역으로 출연하기 위해 나타나면서부터였다. 당시 조지 해리슨은 그룹을 주도적으로 이끌었던 존 레논과 폴 매카트니 그리고 사적인 흡입력이 강했던 링고 스타에 비해 주목을 받지는 못했지만, 성실함과 정직함으로 비틀스 마니아들로부터 꾸준한 사랑을 받았다. '조용한 비틀', '정직한 비틀'이라는 별명에서 그의 성품을 잘 알 수 있다. 1943년 2월 25일 영국 리버풀에서 가난한 노동자의 아들로 태어나 오로지 음악만을 위해 청춘을 바친 그였기에 패티 보이드를 만나기 전까진 연애에 대해서는 숙맥이나 다름없었다.

반면 연예계 지망생이었던 패티 보이드는 조지 해리슨과 정반대였다. 1945년 3월 17일 영국의 햄스테드에서 태어난 패티는 예쁜 얼굴과 잘빠진 몸매로 1962년부터 화려한 삶을 동경하

비틀스의 기타리스트 조지 해리슨

며 모델 일을 시작했다. 그녀는 미국 뉴욕과 프랑스 파리 등지를 오가며 모델 활동을 펼치면서 많은 연예계 관계자들과 교분을 쌓게 되었고, 비틀스의 영화 촬영장에 모습을 드러낸 것도 '만인의 연인' 비틀스의 작품에 함께 출연하여 연기자로서 성공할 기회를 잡기 위해서였다. 또한 그녀는 순진한 총각 조지 해리슨과 달리 남자 경험이 풍부한 연애 박사였다. 조지 해리슨을 처음 만났을 때에도 이미 에릭 스웨인이라는 서른 살의 사진작가 남자친구가 있었다.

　패티 보이드가 영화 촬영장에서 조지 해리슨에게 다가가 사인을 요청하면서 둘의 관계는 본격적으로 시작되었다. 아니 조지의 일방적인 구애라고 하는 편이 나을 듯싶다. 조지는 패티의 빼어난 미모와 생기발랄한 모습을 보고 첫눈에 반해 즉석에서 데이트

조지 해리슨이 첫눈에 반했던
패티 보이드

를 신청했다. 후일 조지 해리슨은 패티의 첫인상에 대해 "프랑스 여배우 브리짓 바르도에 비견될 정도로 섹시함과 도도함을 두루 갖추고 있었다"고 회상했다. 이와 달리 패티 보이드는 조지의 첫인상에 대해 "그는 거의 인사를 하지 않았다. 하지만 촬영을 시작하면서, 그가 나를 바라보는 시선이 심상치 않음을 느꼈다. 그 모습에 나는 약간 당황했다"며 조지의 일방통행이 부담스러웠음을 토로했다.

하지만 세계적인 그룹으로 최고의 인기를 누리고 있는 비틀스의 멤버와 데이트를 한다는 것만으로도 큰 영광이라 생각한 패티는 조지의 데이트 신청을 받아들였고, 둘은 몇 차례의 비밀 데이트를 통해 차츰 가까워지게 된다. 그리고 곧바로 패티는 남자친구였던 에릭 스웨인에게 결별을 통보하였다. 이후 언론을 통해 조지 해리슨과 패티 보이드의 열애 사실은 톱뉴스로 보도되었고, 패티는 비틀스를 따라 하와이, LA 등을 다니며 조지와 뜨거운 관계임을 과시했다. 당시 멤버들 중 유일한 유부남이었던 존 레논의 첫 번째 아내 신시아가 가정적이며 대중 앞에 모습을 잘 드러내지 않는 스타일이었던 데 반해, 패티는 모델 출신답게 자신의 매력을 대중들에게 맘껏 뽐내려는 경향이 있었다. 그러나 '조용한 비틀' 조지는 자신의 여자친구가 언론에 노출되는 것을 꺼려해서 기자들 앞에서 패티를 "나의 29살 누이이자 나의 보호자"라고 거짓으로 소개하기도 했다.

허나 둘의 관계가 깊어 가면서 문제는 예상치 못한 곳에서 터졌다. 바로 패티가 소녀 팬들의 집중 공격을 받은 것이다. 극성팬들은 패티가 외출을 할 때면 기가 막히게 장소를 알아내고 찾아가 조지와 헤어지지 않으면 가만두지 않겠다고 소리치기 일쑤였다. 그러나 조지에게는 팬들보다는 사랑하는 패티가 우선이었다. 조지는 소녀 팬들이 패티를 비난할 때면 앞으로 나아가 팬들에게 그만둘 것을 강한 어조로 부탁하곤 했다. 조지가 패티를 얼마나 사랑했었는지 확인할 수 있는 장면이다. 이런 조지의 기사도 정신에 감명받은 패티는 1964년 성탄절에 조지의 프러포즈를 받아들였고, 이듬해인 1965년 1월 21일 둘은 결혼식을 올렸다.

결혼 이후 둘은 행복한 나날을 보냈다. 조지 해리슨은 비틀스의 일원으로 20세기 팝 음악의 역사를 계속 바꿔나갔으며, 패티 보이드는 유명 패션 잡지의 표지 모델로 활동하며 자신의 끼를 마음껏 발산했다. 조지는 패티에 대한 절대적인 사랑을 노래로도 표현했다. 바로 비틀스의 1969년도 앨범 '아베이 로드 Abbey Road'에 수록된 「썸씽」이 그것이다. 이 노래로 조지 해리슨은 존 레논, 폴 매카

트니에 비해 작곡 실력이 뒤처진다는 세간의 평가를 완전히 뒤집으며 최고의 작곡가로 거듭났다.

> 그녀의 움직임에는 다른 여자들에게는 없는 무언가가 있어 나를 끌어당기죠. 나에게 사랑을 구하는 방법이 남달라요. 이제 그녀를 떠나고 싶지 않아요. 난 그녀를 믿어요. 그녀의 미소를 보니 그녀도 이미 알고 있네요. 나에게 다른 여자는 필요 없다는 것을. 나에게 보이는 그녀의 방식에는 남다른 무언가가 있어요. 당신은 내 사랑이 점점 커지는지 내게 물었죠. 모르겠어요. 내 곁에 머무르다 보면 알게 되겠지만 난 모르겠어요.

노랫말에 패티를 향한 조지의 따뜻한 사랑이 넘쳐흐른다. 미국의 전설적인 팝 가수 프랭크 시나트라는 「썸씽」을 20세기의 가장 위대한 러브송이라고 극찬하기도 했다. 사랑의 힘이 만든 위대한 결과물이다.

🌢 친구의 친구를 사랑했네

조지 해리슨과 패티 보이드의 달콤한 결혼 생활은 그리 오래가지 못했다. 조지의 인도에 대한 사랑 때문이었다. 잘 알려진 대로 조지 해리슨은 비틀스 시절에 인도 사상과 종교에 심취했었다. 음악적으로도 인도에 경도되어 인도 전통 악기 시타르sitar의 달인인 라비 샹카와 교분을 가졌으며, 실제로 비틀스의 노래인 「노르웨이안 우드Norwegian Wood」, 「위드인 유 위다웃 유Within You Without You」에서 직접 시타르를 연주하기도 했다. 문제는 조지가 동양의 보석, 인도에 빠지면서 아내 패티를 등한시하게 된 것이다.

하지만 아이로니컬하게도 인도의 신비스러운 세계로 조지를 안내한 것은 다른 누구도 아닌 패티 자신이었다. 결혼 초기 패티는 모델로 활동하면서 런던의 자유분방한 패션계 인사들과 잦은 교류를 하며 지냈는데, 그 안에서 신종 마약이었던 LSD를 접하며 약물의 수렁에 빠져들게 되었다. 방탕한 생활에서 벗어나길 원했던 패티는 한 친구의 권유로 서구 사회에 요가를 전했던 인도의 명상가 마하리시 마헤쉬 요기의 이야기를 듣기 시작하였고, 그의 이야기에 깊은 감명을 받은 패티는 조지를 마하리시 마헤쉬 요기에게 소개하였다. 그리고 함께 인도 여행을 다녀오는 등 인도의 사상과 문화 등에 큰 관심을 나타냈다.

그러나 약물 치료를 위해 인도의 사상을 접한 패티와 달리 조지는 아내를 잊어버릴 정도로 인도에 심취했다. 훗날 패티는 조지에게 마하리시 마헤쉬 요기를 만나도록 한 것을 가장 크게 후회했다고 말한 바 있다. 허나 이미 엎질러진 물이었다. 결국 패티는 남편 조지의 마음을 돌릴 방법을 강구해야만 했다. 그녀가 찾아낸 해결책은 바로 질투심 유발 작전이었다. 그녀는 주변에서 조지의 질투를 유도할 만한 남자를 찾았고, 그물망에 걸려든 사람이 바로 에릭 클랩튼이었다. 그는 조지의 절친한 친구이자, 1968년 비틀스의 '화이트White' 앨범에 수록된 조지의 곡 「와일 마이 기타 젠틀리 윕스While My Guitar Gently Weeps」에서 직접 기타를 쳐줄 정도로 각별한 음악 동료였다. 그만큼 조지의 마음을 돌려놓기에 가장 안성맞춤인 남자였던 것이다.

유부녀 패티의 의도적인 눈길을 받은 순진한 총각 에릭 클랩튼이 사랑의 포로가 된 것은 당연지사였다. 그동안 음악밖에 몰랐던 에릭은 패티의 접근이 진실인 줄 알고, 온 마음을 다 바쳤다. 하지만 패티와 절친한 친구의 미묘한 관계를 눈치챈 조지는 급히 아내의 품으로 돌아와 안겼고, 에릭은 보기 좋게 차였다. 이에 충격을 받은 에릭은 패티를 찾아가 목숨을 건 세레나데를 외쳤지만 허사였다.

패티는 그때의 상황을 다음과 같이 회상했다. "에릭이 주머니에서 헤로인을 꺼내 보여주며 말했어요. '만약 당신이 나를 떠나간다면 나는 이것을 먹을 거야'라고 말이죠. 간담이 서늘해졌어요. 그래서 나는 그것을 빼앗아 밖으로 던져 버리려고 했지만, 그가 다시 낚아챘어요. 나는 처음으로 양심의 가책을 느꼈죠. 하지만 모든 것을 내 탓으로 돌리는 바보 같은 에릭 때문에 화도 났죠." 정말 음악밖에 몰랐던 순수한 청년 에릭의 맹목적인 사랑과 남자 다루는 데 선수였던 패티의 이기심이 잘 드러나는 순간이 아닐 수 없다.

조지 해리슨의 절친한 친구이자 연적이었던 에릭 클랩튼

실의에 빠진 에릭 클랩튼은 술과 마약의 구렁텅이로 빠져들었다. 그리고 이런 사랑에 대한 좌절감과 패배감은 1970년 11월에 발표된 데릭 앤드 더 도미노스(에릭 클랩튼이 속한 영국의 록 밴드)의 명반 'Layla & Other Assorted Love Songs'에 고스란히 담겨졌다. "레일라와 그 밖의 조화된 사랑 노래들"이라는 음반 제목에서 알 수 있듯 에릭은 앨범 전체에서 패티 보이드에게 실연당한 고통과 아픔을 모두 토해냈다. 「여인을 사랑해 본 경험이 있나요 Have You Ever Loved A Woman」, 「네가 실의에 빠졌을 때 아무도 너를 알지 못한다 Nobody Knows You When You're Down And Out」, 「헛된 사랑 Love is Vain」 같은 노래 제목에서부터 그 마음은 쓰리고 애절하다. 특히 패티 보이드를 페르시아 신화에 나오는 미모의 여성에 빗대어 부른 노래 「레일라 Layla」에서 에릭 클랩튼의 기타 연주와 노래는 고통 그 자체였다.

당신이 외로울 때 아무도 곁에서 지켜주지 않으면 어떻게 할

건가요. 당신은 너무 오랫동안 도망치며 숨어 있었어요. 그건 바보 같은 자존심일 뿐이에요. 레일라, 당신에게 애원해요. 근심에 찬 내 마음을 달래주지 않을 건가요. 당신이 남편에게 실망했을 때 위로해주려고 했어요. 바보처럼 나는 당신과 사랑에 빠져버렸죠. 레일라, 당신은 나를 무릎 꿇게 만들었어요. 레일라, 당신께 애원해요. 근심에 찬 내 마음을 달래주지 않을 건가요.

「레일라」의 구구절절한 가사처럼 에릭 클랩튼의 상처받은 마음은 노래 전체에 용광로처럼 녹아들었다. 고통스러운 자신의 내면을 스스로 바닥까지 긁어내어, 그 고통을 음악으로 걸러냈다. 그의 노래는 '처절한 내면의 사생화'다. 명곡의 탄생 배경에는 이처럼 말로 다 표현하기 힘든 아티스트의 처절한 삶의 기록이 새겨져 있다.

사랑과 우정 사이

실연의 파장은 매우 컸다. 에릭 클랩튼은 감정적으로 매우 불안정한 상태였으며, 알코올과 약물 중독으로 인하여 병원과 요양원을 들락거려야만 했다. 그는 기타조차 잡을 수 없을 정도로 망가졌다. 절망의 늪에서 허우적대고 있던 그에게 구세주가 찾아왔다. 바로 그룹 '더 후'의 기타리스트 피트 타운센드였다. 피트는 이미

1960년대 후반 미국에서 찬밥 취급을 받던 지미 헨드릭스를 영국으로 데려와 음악계에 데뷔시키는 등 '선행'을 벌여왔다. 피트는 클랩튼에게 마약에서 벗어날 것을 권유했고, 1973년 에릭 클랩튼을 위한 레인보우 콘서트를 주최해 재기의 무대를 마련해줬다. 클랩튼은 데릭 앤드 더 도미노스 이후 3년 만에 대중 앞에 모습을 드러냈다. 당시 피트는 에릭 클랩튼이 정신을 못 차리자 하와이안 기타로 머리를 때리기까지 했다고 한다.

기력을 회복한 에릭 클랩튼은 1년 뒤 재기 작품 '461 오션 불러바드461 Ocean Boulevard'를 내놓았다. 앨범이 출시되기까지는 피트 타운센드와 함께 RSO레이블의 사장인 로버트 스틱우드의 도움이 컸다. 그는 폐인이 된 클랩튼을 위해 요양 장소로 플로리다에 있는 자신의 별장을 선뜻 내주며 재기의 기틀을 마련케 했다. 클랩튼도 스틱우드의 호의에 고개 숙여 감사하며 다시 기타를 집어 들었다. 스틱우드의 별장 주소가 바로 이 앨범의 타이틀이다. 스틱우드에 대한 감사의 표시인 것이다. 수록곡 중 드라마 〈서울의 달〉에 삽입되어 국내에서 크게 히트한 「내게 힘을 주소서Give Me Strength」는 바로 신에게 의지하여 갱생의 과정을 겪고 있는 에릭 자신의 모습을 담은 곡이었다.

두드리면 열린다고 했던가. 에릭의 간절한 목소리를 신도 들었는지 1974년부터 조지 해리슨과 패티 보이드 부부 사이가 다시

삐걱거리기 시작했다. 이번에도 역시 조지가 원인이었다. 다만 인도가 아닌 경주용 차로 관심의 대상이 바뀌었을 뿐이었다. 조지는 패티와 데이트를 즐길 때에도 경주용 차로 드라이브를 할 정도로 스피드광으로 유명하다. 조지가 경주용 차에 지나치게 몰두한 나머지 또다시 패티에게 무관심하게 대했던 것이 문제였다. 또한 1974년 미국 투어 도중 만난 여인 '올리비아 트리니다드 아리아스'에게 호감을 가지게 된 것도 불화의 씨앗이었다.

그 광경을 지켜보던 에릭 클랩튼은 절친한 친구 조지 해리슨과 담판을 짓기로 결심했다. 어느 날 밤, 에릭은 조지를 찾아가 다음과 같이 말했다. "나는 네 아내와 사랑에 빠졌다." 이에 대한 조지의 대답. "좋다. 그녀를 가져. 나는 너의 여자친구를 가질게." 비록 조지는 그 순간에는 에릭의 요구를 거절했지만, 자신이 처한 상황을 잘 알고 있었다. 고민 끝에 조지는 친구를 위해 패티에게서 떠나기로 결정했다.

결국 조지 해리슨과 패티 보이드는 1977년 6월 9일 정식으로 이혼했다. 그리고 1978년 조지는 올리비아를 두 번째 아내로 맞아들였고, 1년 뒤인 1979년 에릭 클랩튼은 꿈에 그리던 여인 패티 보이드와 결혼식을 올렸다. 에릭 클랩튼은 패티 보이드를 얻게 된 기쁨을 1977년「원더풀 투나이트」라는 멋진 발라드 곡에 실어 표현했다.

늦은 저녁이에요. 그녀는 무슨 옷을 골라 입을까 망설이고 있죠. 화장을 하고 금발의 긴 머리를 빗어 내리죠. 그러고 나서 나에게 물어보네요. "나 괜찮아 보여요?" 그래서 나는 대답했죠. "당신 오늘 밤 정말 아름다워!" 우리는 파티에 갑니다. 모두들 내 옆에서 걷고 있는 이 아름다운 여인을 보기 위해 고개를 돌리죠. 그러자 그녀는 내게 물어보네요. "기분 괜찮아요?" 나는 대답했죠. "오늘 밤 정말 멋진 기분이야!" 나는 정말 행복했어요. 그대 눈 속에서 사랑의 빛을 보았기 때문이죠.

에릭 클랩튼은 사랑과 우정 사이에서 '사랑'을 선택했고, 조지 해리슨은 '우정'을 선택하면서 질풍처럼 달려온 세 사람의 사랑의 트라이앵글은 대단원의 막을 향해 나아가고 있었다.

지구촌 대중들의 모든 이목을 집중시켰던 세기의 러브스토리는 채 10년을 넘기지 못했다. 에릭 클랩튼은 예의 주벽을 버리지 못했고, 패티 보이드 역시 남들 앞에 화려하게 보이는 데만 신경 썼다. 게다가 패티에게는 아이를 낳지 못한다는 결정적인 약점이 있었다. 이런 상황에서 에릭 클랩튼은 1985년 이탈리아 투어 도중 만난 젊은 사진작가이자 배우였던 로리 델 산토와의 사이에서 아들 코너를 낳았다. 그것으로 모든 것이 끝이었다. 에릭과 패티는 1989년 이혼 서류에 도장을 찍었다. 삼각관계의 종지부를 찍는 순간이었다.

그 후 세기를 뒤흔든 전설적인 사랑 이야기의 주인공들이었던 조지 해리슨과 에릭 클랩튼 그리고 패티 보이드는 각자의 길을 향해 갔다. 올리비아와 결혼 후 행복한 결혼 생활과 지속적인 음악 활동을 해가던 조지 해리슨은 2001년 11월 29일 미국 로스앤젤레스의 친구 집에서 부인과 외아들 다니가 지켜보는 가운데 후두암으로 사망했다. 향년 58세였다. 그리고 그는 한 줌의 재가 되어 마음의 안식처였던 인도 갠지스 강으로 돌아갔다. 에릭 클랩튼은 조지 해리슨이 세상을 떠나자 그를 위한 추모 콘서트를 기획하여 많은 이들에게 감동을 주기도 했다.

패티 보이드와 헤어진 뒤 에릭 클랩튼은 곧바로 끔찍한 비극을 맞아야만 했다. 아들 코너가 뉴욕 맨해튼의 아파트에서 실족사한 것이다. 클랩튼은 그러나 예전처럼 기타를 놓지는 않았다. 오히려 기타와 노래에 더욱 몰두했다. 음악만이 유일한 치료제라는 것을 이전 경험으로 깨달은 것이다. 그는 1992년 영화 〈러쉬Rush〉의 사운드 트랙에 삽입된 노래「티얼스 인 헤븐Tears In Heaven」에 죽은 아들을 향한 애틋한 아버지의 마음을 실었다.

MTV의 제안으로 그해 녹음된 앨범 '언플러그드Unplugged'에서의 백미도 단연 이 곡이었다. 어쿠스틱 기타에 실린 애절한 멜로

디와 노랫말은 많은 이들의 심금을 울렸다. 이듬해 그래미 시상식에서 에릭 클랩튼은 '올해의 앨범' 등 주요 부문을 포함하여 6개의 트로피를 받으며 최고의 아티스트로 인정을 받았다. 아직도 그의 블루스 음악 이야기는 현재 진행형이다.

마지막으로 형제보다 친했던 친구들을 순식간에 연적으로 만들어놓은 패티 보이드는 1991년 에이즈와 마약 중독, 알코올 중독 환자들을 돕기 위한 자선 단체인 SHARP를 세우며 봉사 활동에 전념하고 있다.

사랑에는 희로애락이 담겨 있다. 서로 좋아할 때의 기쁨, 배신당할 때의 노여움, 헤어질 때의 슬픔, 재회의 즐거움 등 사랑의 둥근 원 안에는 인간의 모든 감정들이 녹아 있다. 조지 해리슨과 에릭 클랩튼은 패티 보이드라는 미모의 여인을 사이에 두고 불꽃 튀는 사랑의 대결을 펼치며 사랑에 스며 있는 모든 감정을 노래로 만들어 세상에 울려 퍼지게 했다. 음악이 이 땅에서 사라지지 않는 한 그들의 전설적인 러브스토리는 계속해서 사람들의 귓가에서 떠나지 않을 것이다. 진실한 사랑의 감정이 담겨 있는 노래는 세계인의 공통된 주제어이기 때문이다.

ⓒ 「세기의 사랑 이야기」, 안재필 지음, 살림, 2004

작가 소개

안재필

팝 칼럼니스트. 한 시대를 풍미한 팝스타들의 사랑과 이로 인해 탄생한 음악 이야기를 조명한 『세기의 사랑 이야기』를 펴냈다.

느낌들

보는 순간 사랑에 빠지게 만드는 여자가 있듯이, 듣는 순간 사랑에 빠지게 만드는 노래가 있다. 사랑이 어떤 개인의 가장 내밀한 감정이라고 말하는 이들도 있지만, 미녀모델 패티 보이드에게 마음을 빼앗긴 두 남자는 한 사람을 위한 마음을 지구상의 모든 이들에게 꺼내 보여주는 음악의 마술사들이다. 세 사람은 끊임없이 사랑을 갈구했다. 여자는 누구보다 자신을 사랑했고, 두 남자는 사랑에 빠진 자신을 사랑했다. 이기적인 그들의 마음은 사랑에서 멀어졌지만, 그들의 노래를 듣는 우리의 마음에는 사랑이 그려진다.

사랑은 아무도 다치게 하지 않는다

공지영

참 이상하지 위녕, 이상하게 똑같은 일 년인데 어떤 특별한 날이 있다. 일 년에 하루뿐인 어떤 날. 엄마는 며칠 전 그날을 느꼈단다. 너는 어땠니? 으음, 말하자면 여름이 가을에게 한 갈피 자리를 내주는 날, 무성하게 피었던 벚꽃들이 바람도 없는데 일제히 떨어져 내리는 그날, 어렵게라도 나무에 붙어 있던 마른 이파리들이 갑자기 일제히 손을 놓고 거리를 뒤덮는 날, 그리고 엄마가 이야기하는 며칠 전 같은 날. 말하자면 습하고 무더웠던 공기 속으로 마르고 서늘한 바람 한 줄기가 스며드는 날. 그날은 실은 일 년에 단 하루뿐이라는 걸 너는 아니? 엄마는 며칠 전 어느 깊은 밤, 길거리에

서서 이 바람을 느꼈다. 마침 어디선가 귀뚜라미가 울고 있더구나.

사람의 일생에도 이런 날이 있단다. 마음의 한 곳으로 한 방향으로 불어대던 바람의 결이 바뀌는 그런 날. 그건 좋을 수도 있고 나쁠 수도 있겠지. 갑자기 누군가의 얼굴이 커피잔에도 둥실 떠오르고, 그 사람이 길거리 여기저기를 걸어 다니고 있으며, 울리지도 않는 전화벨을 들여다보며 진동으로 해놓았나 확인하는 그런 날도 있겠지. 나를 사랑한다고 믿었던 사람이 실은 나를 하찮은 존재로 이용하고 있다는 듯한 느낌이 들 때도 있고, 혹은 그 반대로 내가 누군가를 그렇게 여기고 있는 걸 느껴버리고 소름이 돋도록 자신이 싫어지는 날도 있겠지. 싫다고 비명을 지르고 싶지만, 이별의 시작이 한 줄기 바람결처럼 두 사람 사이로 스며드는 날들이 있을 거고 말이야.

너는 어느 날 밤 엄마와 거실에 앉아 네가 한때 많이 좋아했고, 이제는 네 곁에 없는 어떤 사람에 대해 조용히 얘기했지.

"엄마, 사랑을 하면 어떤 심정이야?"

네가 묻길래 엄마가 대답했었잖아.

"응, 사랑을 하면 별이 한층 더 초롱거리고 달이 애잔하게 느껴지며 세상의 모든 꽃이 우리를 위해 피어나는 것 같아."(물론 사랑이 시작될 때 한 세 시간의 이야기이긴 하지만 말이야.)

그러자 네가 대답했어.

"엄마 그 말이 맞는 거 같아. 내가 좋아하는 사람을 만나러 친구들을 불러내서 용기를 내어 그 사람 시골 동네에 갔는데, 그 사람이 나오겠다고 하는 거야. 공원에서 친구들과 기다리며 가슴이 두근두근하는데 하늘의 별들이 왕방울만 하게 떠 있는 거야. 그리고 별똥별이 수없이 강한 빛을 내며 하염없이 떨어지고 있었어. 내가 친구들에게 말했지. 나 정말 가슴이 이상해. 별이 너무 아름답고 영롱해. 그러자 친구들이 나와 하늘을 번갈아 보더니 말했어. 정신 차려 위녕, 여기 공군 비행장 근처야."

그래, 우리가 언제 또 공군 비행기를 별이라고 착각하겠니. 언제 또 그렇게 예쁜 착각을 하겠니? 사랑은 그런 것일까? 엄마가 책에서 보니까 사랑을 연구하는 학자들이 사랑을 하면 눈이 멀어버려서 사리 판단이 안 된다는 측과 오히려 눈이 밝아져서 남들이 못 보는 상대방의 장점들을 본다는 측으로 갈라져서 오랜 세월 논쟁하고 있다 하던데, 엄마는 솔직히 아직은 다 몰라. 다만 미당 서정주가 쓴 시는 기억하고 있어. 순이를 사랑하게 된 날부터 길거리에 수많은 순이가 걸어 다닌다는 그 말 말이야.

네 이야기를 들으며 엄마는 스무 살 시절 여름을 생각했단다. 아마 네 아빠를 만날 무렵이었을 거야. '사랑을 하고 싶어'라고 친구들과 이야기했지만 실은, '사랑을 해야만 해'라는 바보 같은 생각을 하며 시집을 끼고 다니던 시절이었던 것 같아. 그때 엄마는 이 세상의 모든 가치들을 '이 돈이면 시집이 몇 권일까?'라는 기특한 척도로 세고 있었지. 물론 그 후로는 '생맥주가 몇 잔일까'로 바로 전환되고 말았지만 말이야. 그리고 생맥주가 몇 잔일까로 척도가 바뀌던 무렵에는 버스를 타면 유행가들이 명시 구절처럼 들려오곤 했었지. 아마 그때 엄마는 생각했던 거 같아. '사랑은 아픈 거라는 그 말이 정말이었구나!' 하고.

 하지만 위녕, 엄마는 지금 그렇게 생각하지 않아. 사랑은 누군가를 아프게 하는 게 아니란다. 사랑은 아무도 다치게 하지 않아. 다만 사랑 속에 끼워져 있는 사랑 아닌 것들이 우리를 아프게 하지. 누군가 너를 사랑한다고 하면서 너를 아프게 한다면 그건 결코 사랑이 아니란다. 사랑이 상처를 허락한다는 엄마의 말은 속수무책으로 상처 입는다는 말이 아닌 것을 너도 알 거야. 상처를 허락하기 위해서는 상처보다 너 자신이 커야 하니까. 허락은 강한 자가 보다 약한 자에게 하는 거니까 말이야.

 엄마는 아직도 고속도로 휴게소에 가면 이상한 기억에 가슴이 아릿해져. 언젠가 엄마가 사랑했던 사람이 남겨준 기억이란다. 그는 엄마에게 늘 불친절했어. 약속시간에 늦었고, 자주 약속을 취소했고, 하염없이 엄마를 기다리게 했지. 엄마는 사랑에 몹시 미숙했던 사람이었기 때문에 그가 하는 행동이 아니라, 그가 하는 말을 믿었고, 그래서 가끔, '정말일까? 사랑한다면 어떻게 이럴 수 있을까?' 하며 의심하고 있는 나 자신을 나무라곤 했었지. 미안하지만, 그래도 어리석었던 엄마의 젊은 날을 좀 더 들어주렴.

그 사람이 했던 행동 중의 하나가 함께 여행을 할 때 고속도로 휴게실에서 각각 남녀 화장실에 가면(대개 여자가 늦게 나오기 마련이잖아) 사라져버리곤 하는 거였어. 엄마는 그가 당연히 화장실에서 늦게 나오는 줄 알고 거기 서서 하염없이 그를 기다리곤 했단다. 그러면 그는 그동안 벌써 볼일을 마치고 나와 혼자 커피를 마시거나 신문을 사서 읽거나 했단다. 그러곤 말하곤 했지, 그렇게 센스가 없냐고, 왜 그렇게 행동이 굼뜨냐고.

요즘에야 이런 일이 일어난다면, 엄마는 조용히 마음속으로 외치겠지, '음, 다음 인터체인지에서 차를 돌려 서울로 가야겠군' 하고 말이야. 이 사소하고 작은 일을 기억하면 아직도 마음 한구석으로 얇은 면도날이 지나가곤 한단다.

늘 하는 이야기지만, 엄마에게 초점을 맞추어 이야기하면, 더 많은 남자를 만났어야 했어. 결혼을 하기 전에, 아이를 낳기 전에, 그 사람이 더 이상 친구로서도 싫어지기 전에 말이야. 연애를 할 수도 있고, 그저 데이트를 할 수도 있고, 그저 친구로 남을 수도 있는 그런 많은 남자를 만나지 않았던 어리석음 때문에 엄마는 결과적으로 많은 사람을 불행하게 했는지도 몰라. 심지어 한결같은 마음을 지녔다고 스스로 대견해하면서 말이야.

위녕, 누군가 널 아프게 한다면 그는 너를 사랑하고 있는 것이 아니다. 그가 군대에 가야 한다거나, 그가 공부를 위해 널 만나는 시간을 줄이거나, 학비를 벌기 위해 아르바이트 때문에 너와 함께 극장에 가지 못하는 그런 이야기를 하는 게 아니란 건 알겠지. 세상에는 의외로 남자건 여자건 사랑을 할 줄 모르는 사람이 많아. 이건 정말인데 어쩌면 엄마도 그런 부류의 사람이었는지도 모르지. 누가 자기를 사랑하는지 아닌지, 내가 이런 그의 행동을 좋아하는지 아닌지도 모르는 사람이 무슨 남을 감히, 사랑할 수 있겠니?

그러나 누군가 의도적으로 너를 아프게 하지 않고 네가 진정, 그 사람의 삶이 아픈 것이 네가 아픈 것만큼 아프다고 느껴질 때, 꼭 나와 함께가 아니어도 좋으니, 그가 진정 행복해지기를 바랄 때, 그때는 사랑을 해야 해. 두 팔을 있는 힘껏 벌리고 사랑한다고 말해야 하고, 네 힘을 다해 그에게 친절을 베풀어야 해. 하지만 명심해야 할 일은 우리는 언제나 열렬히 사랑하기에 문제를 일으키는 것이 아니라, 서둘러 사랑하려고 하기 때문에 문제를 일으킨다는 거야. 세 번 데이트를 하고 나서 그와의 십 년 후를 그려보는 마음은 엄마도 알아. 그러나 그건 그냥 마음인 거야. 왜냐하면 누군가 두 사람이 서로를 바라보고 호감을 느끼며 열렬하게 서로를 알고 싶은 그런 기적은, 사람의 일생에서 정말 두세 번도 일어나지 않는 일이기 때문에 천천히 그리고 소중하게 다루어야 해. 어린 고양이 다루듯 신중하게 해야 하는 거야. 아무리 고양이지만 어린 고양이에게 큰 생선을 가져다가 먹으라고 할 수는 없잖아.

다만, 그 순간에도 언제나 정직해야 한다는 것은 잊지 마라. 언젠가 엄마의 소설을 읽고 네가 말했잖아. 헤어지고 나서 제일 후회가 되는 일은, 좋아한다고, 보고 싶었다고 말하지 못했던 일이라고 말이야. 수많은 연애 지침서들이 그 남자에게 애가 타도록 하라고 말하고 있지만, 그리고 남자들은 실제로 그런 여자들의 전략에 쉽게 애가 타기도 하지만, 그리하여 연애의 주도권을 잡고 친구들이 부러워할 정도로 문자와 전화가 울려오긴 하지만 글쎄, 누군가의 말대로 그건 연애에는 성공할 수 있는 전략인지는 모르지만 사랑에는 실패하는 일이야. 네 목표가 연애를 잘하는 것이라면 그런 책들이 유용하겠지만 네 꿈이 누군가와 진정으로 사랑하는 일이라면 그건 좋은 방법이 아닌 것 같아. 엄마가 말했잖아. 진정한 자존심은 자신에게 진실한 거야. 신기하게도 진심을 다한 사람은 상처받지 않아. 후회도 별로 없어. 더 줄 것이 없이 다 주어버렸기 때문이지. 후회는 언제나 상대방이 아니라 자신을 속인 사람의 몫이란다. 믿는다고 했지만 기실 마음 한구석으로 끊임없이 짙어졌던 의심의 그림자가 훗날 깊은 상처를 남긴단다. 그 비싼 돈과 그 아까운 시간과 그 소중한 감정을 낭비할 뿐, 자신의 삶에 어떤 성장도 이루어내지 못하는 거지.

더 많이 사랑할까 봐 두려워하지 말아라. 믿으려면 진심으로, 그러나 천천히 믿어라. 다만, 그를 사랑하는 일이 너를 사랑하는 일이 되어야 하고, 너의 성장의 방향과 일치해야 하고, 너의 일의 윤활유가 되어야 한다. 만일 그를 사랑하는 일이 너를 사랑하는 일을 방해하고 너의 성장을 해치고 너의 일을 막는다면 그건 사랑을 하는 것이 아니라, 네가 그의 노예로 들어가고 싶다는 선언을 하는 것이니까 말이야.

엄마가 알던 한 친구는 언제나 아슬아슬하게 섹시한 옷차림이 매력적인 사람이었는데, 집요하게 쫓아다니던 한 남자와 사귀기로 결정하더니 변하기 시작했어. 그 남자의 요구대로 수수한 옷을 입기 시작하고 곱슬거리던 머리카락도 폈지. 사랑의 힘은 정말 대단하지? 그러나 그 대단한 사랑은 얼마 못 가 그 친구의 참담한 패배로 끝나버렸단다. 그 친구를 쫓아다니던 그 남자에게 그 친구는 더 이상 그가 쫓아다니던 그녀가 아니었거든. 확인할 수 없는 풍문에 의하면 그 남자는 다시 가슴이 거의 보일 듯이 파진 옷을 즐겨 입고 무릎 위로 30센티미터 이상 올라오는 옷을 입기로 유명한 어떤 여자를 쫓아다닌다고 하더라고.

엄마는 가끔 문태준이란 사람의 시집을 읽어. 네가 예전에 좋아하던 사람을 이야기하던 날도 그랬지.

늘 어려운 일이었다. 저문 길 소를 몰고 굴을 지난다는 것은. 빨갛게 눈에 불을 켜는 짐승도 막상 어둠 앞에서는 주춤거린다. 작대기 하나를 벽면에 긁으면서 굴을 지나간다.

때로 이 묵직한 어둠의 굴은 얼마나 큰 항아리인가. 입구에 머리 박고 소리 지르면 벽 부딪치며 소리 소리를 키우듯이 가끔 그 소리 나의 소리 아니듯이 상처받는 일 또한 그러하였다.

한 발 넓이의 이 굴에서 첨벙첨벙 개울에 빠지던 상한 무르팍 내 어릴 적 소처럼 길은 사랑할 채비 되어 있지 않은 자에게 길 내는 법 없다. 유혹당하는 마음조차 용서하고 보살펴야 이 굴 온전히 통과할 수 있다. 그래야 이 긴 어둠 어둠 아니다.

—「굴을 지나면서」, 문태준

사랑할 채비가 되어 있지 않은 사람에게 길 내는 법 없는 사랑을 위해, 엄마는 오늘도 네가 사랑할 채비를 갖추길 바랄 뿐이야. 그건 너 자신을 더 키우는 일, 너 자신에게 노력하는 시간을 내주는 일, 읽고 쓰고 생각하고 그리고 길거리에서 길을 묻는 누군가에게 친절한 것 말이야. 그리고 나서 네가 진정한 사랑을 하는 걸 보면 엄마는 어떤 기분일까. 기쁘기만 하진 않을 거야. 얼마간 혹시 또 네가 상처 입을까 봐 걱정할 거고, 혹은 얼마간의 너를 잃고 사랑을 빼앗기는 기분이 들지도 몰라.

위녕, 좋은 시는, 좋은 문학작품은, 아니 좋은 예술은 우리를 잠시 멈추게 한다. 잠시 멍청하게 만들고 잠시 망연하게 만든다. 그 시간은 마치 큰 징이 울리는 것처럼 우리 존재를 존재로서 온전히 느끼는 순간, 엄마의 팔뚝보다 작던 네가 엄마보다 키가 큰 딸로 자라나는 동안 마치 큰 징이 한 번 느리게 울리는 순간으로 엄마도 너와 나의 함께한 생을 돌아다보겠지. 이런 돌아봄을 이끌어내는 일은 얼마나 위대하니. 아마 네가 사랑을 할 때쯤 엄마에게 그런 징 소리가 울려올까? 네가 사랑을 할 때쯤.

위녕, 낮에는 불볕이 내리쬐지만 아침저녁으로는 풀벌레 소리하고 잘 어울리는 바람이 분다. '친구여 다시 가을이다'라는 김명인 시인의 시가 생각나는구나. 그때 엄마도 이 구절만 보아도 눈물이 핑 돌던 소녀였는데…. 네게 다시 들려주고 싶은 시가 있다. 「어느 날 내가 이곳에서 가을 강처럼」이라는 시야.

    내 몸을 지나가는 빛들을 받아서 혹은 지나간 빛들을 받아서
    가을 강처럼 슬프게 내가 이곳에 서 있게 될 줄이야
    격렬함도 없이 그냥 서늘하기만 해서 자꾸 마음이 결리는 그런 가을 강처럼

저물게 저물게 이곳에 허물어지는 빛으로 서 있게 될 줄이야
주름이 도닥도닥 맺힌 듯 졸망스러운 낯빛으로 어정거리게 될 줄이야

위녕, 언젠가 너와 밤에 맥주를 홀짝거리면서 신경림 시인의 「목계 장터」 외우기 내기를 하던 게 지난여름이었던가. 그때 "아흐레 나흘 찾아 박가분 파는 가을볕도 서러운 방물장수"라는 구절을 두고 우리 밤늦도록 이야기하던 거 기억나니? 그때 함께 시를 이야기할 수 있는 딸을 둔 엄마는 정말 행복했단다.

위녕, 강원도 시골집에 네가 말한 왕방울만 한 별들이 떴다. 엄마도 사랑을 하는가 봐. 저 별이 왕방울만 하게 보이니까 말이야. 그리고 그립단다. 이제는 각자의 약속 때문에 엄마를 따라 더 이상 이곳에 오지 않으려고 하는 너희들의 얼굴이 별들 속에 떠 있어. 참, 그리고 여기도 비행기가 별처럼 반짝이며 지나간단다.

가을에는 바닥이 잘 보인다.
그대를 사랑했으나 다 옛일이 되었다.
나는 홀로 의자에 앉아
산 밑 뒤뜰에 가랑잎 지는 걸 보고 있다.

― 「바닥」, 문태준

위녕, 시골집의 고요 속에서 해가 지는데 어디선가 긴 징 소리가 울리는 듯한 환청을 엄마는 느낀다. 엄마는 슬프고 기쁜 사랑들을 했다. 그러나 사랑했던 기억은 엄마를 따뜻하게 한다. 엄마를 후회하게 만드는 것은 사랑이 아니라 아마도 욕심과 집착과 질투 그리고 미움 같은 것들이었어. 이제 엄마의 나날은 이렇게 저문다. 그게 꼭 젊은 너희들의 상상처럼 나쁜 것은 아니야. 때로는 쓸쓸함 속에서 지난날을 떠올리며 유혹당하고 상처받았던 나 자신을 용서하고 다독이며 위로하는 것도 또 다른 사랑의 일부니까 말이야. 엄마 없는 동안 문단속 잘하고 우리는 그리운 낯빛으로 다시 만나자. 시골에는 수영장이 없으니… 원….

자, 오늘도 좋은 하루!

ⓒ 『네가 어떤 삶을 살든 나는 너를 응원할 것이다』, 공지영 지음, 해냄, 2016

작가 소개

공지영

『봉순이 언니』, 『우리들의 행복한 시간』, 『도가니』 등 사회적으로 소외된 사람들의 현실을 생생하게 전달하는 작품을 써 왔다. 『네가 어떤 삶을 살든 나는 너를 응원할 것이다』는 딸 '위녕'에게 전하는 편지 형식으로 우리 시대의 청춘들을 위로하고 응원한다.

느낌들

"Out of sight, Out of mind." 고등학생 시절, 열심히 외었던 영어 격언이다. 몇 단어 안 되는데 읽을 때마다 눈에서 멀어지면 마음에서 멀어지는 것인지, 마음에서 멀어지기에 보이지 않게 되는 것인지 헷갈리곤 했다. 추억은 다르게 적힌다. 분명 같은 일을 경험했음에도 불구하고 종종 우리는 다르게 기억하곤 한다. 누가 먼저 사랑했는지, 누가 먼저 헤어지자고 했는지를 가지고 옥신각신하지만 그것은 사랑이라는 감정의 터널을 빠져나온 순간에 부질없이 짜 맞추어 보는 퍼즐이나 후일담에 지나지 않는다. 누군가 보고 싶어질 때마다 밤하늘의 별을 세었다면, 이제 밤하늘의 별을 셀 때마다 누군가가 그리워지는 일. 세상에서 가장 뻔한 감정이 글 속에서 다른 결로 느껴지는 건 딸아이에 대한 엄마의 간곡한 마음이 배어 있기 때문일 것이다.

헬렌 올로이

레스터 델 레이

이제는 노인이라고 할 수밖에 없는 나이가 됐지만, 나는 아직 그녀를 처음 만난 날을 또렷하게 기억한다. 데이브가 헬렌을 포장 상자에서 꺼내는 모습, 그녀를 훑어보며 감탄하던 소리, 그 모든 것이 마치 방금 일어난 일처럼 기억 속에 생생하기만 하다.

"이야, 이거 정말 예쁘지 않아?"

그녀는 아름다웠다. 플라스틱과 금속으로 빚어낸 꿈, 키츠John Keats(영국의 낭만파 시인)가 소네트를 쓰며 희미한 환상 속에서 좇았을 것 같은 모습이었다. 트로이의 헬렌이 이렇게 사랑스러웠다면, 그녀를 되찾기 위해 겨우 1,000척의 배만 보낸 그리스인들은 분명히 노랭이였을 것이다. 나는 데이브에게 그런 식으로 내 감상을 말했다.

"헬렌 오브 트로이[1]라 이거지? 최소한 여기 적힌 이름보다는 나은데-K2W88이라. 흠… 헬렌이라. 헬렌 오브 얼로이[2] 어때?"

"별로 리듬이 안 사는데. 가운데로 강세 없는 음절이 몰려 있잖아. 줄여서 헬렌 올로이는 어때?"

"좋아, 헬렌 올로이로 하지."

이것이 모든 일의 시작이었다. 아름다움 한 조각, 희망 한 조각, 과학 한 조각, 여기에 스트레오 방송을 살짝 첨가하고 기계적으로 저어주면, 결과물로 나오는 것은 혼돈의 결정체다.

데이브와 나는 같은 대학에 다니지는 않았다. 그러나 내가 메시나로 와서 병원을 개업한 후 바로 아래층에서 작은 로봇 수리점을 하는 그와 마주쳤고, 그 뒤로 우리는 어울려 다니기 시작했다. 그러다 내가 쌍둥이 자매 중 한쪽 여자와 사귀기 시작하자, 그는 다른 쪽 쌍둥이도 똑같이 매력적이라고 생각했고, 결국 넷이 같이 쏘다니게 되었다.

양쪽 모두 사업이 어느 정도 자리를 잡은 후, 우리는 로켓 발착장 근처의 집을 하나 빌렸다. 시끄럽기는 해도 가격이 싸고, 로켓

---

[1] 트로이의 헬레나 Helen of Troy: 호메로스의 『일리아드』에 등장하는, 트로이 전쟁의 발단이 된 최고의 미녀.

[2] '헬렌 오브 트로이'와 운율을 맞춘 말. 합금으로 만들어진 헬렌(Helen of Alloy).

때문에 주변에 아파트도 없어 두 다리 쭉 뻗고 지낼 수 있을 만큼 공간도 넓어서 마음에 드는 집이었다. 그때쯤 해서 쌍둥이 자매와 말다툼을 하지 않았다면 우리는 그들과 결혼했을지도 모른다. 하지만 데이브 쪽 애인이 래리 에인슬리가 나오는 화상 스테레오를 보고 있는 동안, 데이브는 최신 금성 탐사 로켓이 발사되는 모습을 보고 싶어 했고, 양쪽 모두 고집을 꺾지 않았다. 그날 이후로, 우리는 여자들 따라다니는 짓은 관두고 집에서 함께 저녁 시간을 보내게 되었다.

우리가 로봇의 감정이라는 주제에 대해 토론하기 시작한 것은 '레나'가 스테이크에 소금 대신 바닐라 가루를 뿌린 후부터였다. 데이브가 고장 난 부분을 찾으려 레나를 분해하는 동안, 우리는 자연스럽게 기계의 미래에 대해 이야기하기 시작했다. 그는 언젠가는 로봇이 인간을 앞서게 될 것이라고 확신했고, 나는 그 견해에 부정적이었다.

"이봐, 데이브. 레나가 진짜로 생각을 하는 게 아니란 걸 알잖나. 회로가 잠깐 합선이 된다고 해도, 그 행동을 바로 수정하지 못할 이유가 있나? 하지만 실제로는 그냥 기계적인 자극을 따라 행동할 뿐이지, 잘못을 고치진 않는다고. 인간이라면 실수로 바닐라에 손이 갔다가도 그게 뭔지 확인하고는 행동을 중단했을 거야. 하지만 레나는 그게 뭔지 인지할 수 있어도, 감정도 자의식도 없으니 잘못된 행동을 끝까지 수행할 수밖에 없지."

"그래그래, 분명 지금의 기계들에는 뭔가 문제가 있어. 하지만 조만간 해결책이 나오지 않겠어? 일종의 기계적 감정을 집어넣거나, 뭐 그런 식으로 말야."

데이브는 레나의 머리를 다시 붙이고는 체액을 순환시켰다.

"자, 레나, 이제 일하러 가야지? 19시 정각이다."

나는 내분비학과 그와 관련된 학문들을 전공했다. 덕분에 정식으로 심리학을 공부하지는 않았지만 분비선과 분비물, 호르몬과 같은 감정 작용의 물리적 원인에 대해서는 이해하고 있었다. 의학의 이름 아래 이런 것들이 어떻게, 왜 작동하는지를 알아내는 데에 300년이라는 시간이 걸렸다. 나는 인간이 그보다 훨씬 더 짧은 시간 안에 그런 복잡한 구조를 기계적으로 복제해낼 수 있으리라고는 생각하지 않았다.

이런 논점을 증명하기 위해 나는 집으로 책과 논문들을 가져왔고, 데이브는 이에 맞서 메모리 코일과 베리토이드 눈의 발명을 언급했다. 그해가 다 가도록 우리는 계속해서 지식을 교환했고, 덕분에 데이브는 내분비학의 모든 이론들을 이해하게 되었고, 나는 기억으로 레나를 재구성할 수 있을 정도로 지식을 쌓았다. 그리고 토론을 계속하는 동안, 완벽한 호모 메카넨시스Homo Mechanensis(기계 인간)의 창조가 불가능하다는 나의 믿음은 흔들리기 시작했다.

불쌍한 레나. 그녀의 구리 합금 동체는 절반 이상 분해된 채로 놓여 있어야 했다. 우리들의 첫 시도 결과는 아침 식탁에 올라온 튀긴 빗자루와 올레오 기름(마가린, 비누 따위를 만드는 유지)으로 닦은 접시들뿐이었다. 그러던 어느 날, 레나는 여섯 군데에 합선이 일어난 채로 완벽한 아침 식사를 만들어냈고, 그 사실을 확인한 데이브는 기뻐 날뛰었다.

그는 밤새도록 레나의 회로를 만지고, 새로운 기억 코일을 넣고, 새로운 단어를 가르쳤다. 그러나 그다음 날, 레나는 짜증 덩어리가 되어서 그녀가 일을 제대로 하지 않는다고 불평하는 우리에게 격렬하게 욕을 퍼붓기 시작했다.

"전부 거짓말이야. 당신들은 전부 거짓말쟁이라고. 그냥 당신네 머저리들이 날 가만 놔두기만 하면 나 혼자서도 금방 일을 다 끝낼 수 있단 말이야."

그녀는 흡입 빗자루를 흔들며 고래고래 소리 질렀다.

간신히 그녀의 기분을 가라앉혀서 일하러 보낸 다음, 데이브는 나를 데리고 서재로 올라갔다.

"레나는 포기하지. 아드레날 팩도 떼어버리고, 원래대로 돌려놓자고. 뭔가 더 좋은 로봇을 사는 쪽이 낫겠어. 가정부 로봇은 복잡도가 좀 부족한 것 같아."

"딜리어드에서 나온 최신 다용도 모델은 어때? 기능이란 기능은 전부 다 집어넣은 것 같던데."

"딱 좋아. 그래도 특수 주문을 해야 할 거야. 메모리 코일을 최대치까지 늘리자고. 그리고 최초의 실험체인 레나를 기념하는 뜻에서, 이번에도 여성형으로 그 자리를 이어받게 하지."

여기서 나온 결과물이 바로 헬렌이었다. 딜리어드 사의 친구들은 완벽한 기적을 만들어냈고, 주문한 모든 것을 이 여자 형태의 로봇 안에 말끔하게 집어넣었다. 플라스틱과 고무 섬유로 만든 얼굴은 감정을 표현할 수 있는 유연성을 지니고 있었고, 눈물샘과 미뢰까지 완벽하게 갖추어져 있었으며, 숨쉬기에서 머리카락 잡아 뜯기에 이르기까지 인간의 모든 동작을 재현할 수 있었다. 그 친구들이 보내온 청구서는 또 다른 기적이라 불릴 만했지만, 데이브와 나는 함께 비용을 긁어모았다. 우리는 모자란 금액을 메우기 위해 레나를 처분해야 했고, 그 이후로는 외식을 할 수밖에 없었다.

나는 생물 조직에는 제법 여러 번 메스를 대어보았고, 그중에는 꽤 난이도 있는 수술도 몇 번 있었다. 그러나 헬렌의 가슴판을 열고 예의 '신경' 부분의 회로를 잘라내는 모습을 보고 있자니, 마치 의대 예과 학생으로 다시 돌아간 것 같은 기분이 되었다. 데이브가 만든 기계 분비선은 모두 준비가 되어 있었다. 인간 마음의 반응을 아드레날린이 일그러뜨리듯이, 이 복잡하게 얽힌 송신선과

회로 다발은 전기적인 사고 자극을 받아들인 후 다른 자극과 혼합하여 일그러뜨리는 역할을 하는 것이었다.

우리는 그날 밤 침대에 들어가는 대신, 그녀의 구조도를 눈이 뚫어지게 연구하고, 회로를 따라 사고가 이동하는 미로와 같은 경로를 살펴보고, 신경을 잘라내고, 데이브가 헤테론이라고 부르는 기계 분비선을 장착했다. 그리고 이런 작업을 하는 동안, 우리가 세심하게 준비해놓은 인간의 삶과 감정에 대한 다양한 의식과 사고가 천공 테이프를 통해 헬렌의 보조 메모리 코일 속으로 입력되고 있었다. 데이브는 그 어떤 것도 운에 맡겨두지 않으려는 듯했다.

우리가 잔뜩 지쳤지만 승리감에 도취된 상태로 일을 끝냈을 때는 이미 동녘이 희미하게 밝아오고 있었다. 이제 남은 일은 헬렌의 전원을 올리는 것뿐이었다. 다른 딜리어드 사 제품들과 마찬가지로, 헬렌에게도 전지 대신 작은 원자동력기가 들어 있어서, 한번 전원을 올리면 다시 손볼 필요가 없었다.

데이브는 당장 전원을 올리자는 제안에 반대하며 이렇게 말했다.

"나도 바로 시동을 걸어보고 싶은 마음은 굴뚝같지만 말이야, 일단 좀 자면서 휴식을 취하자고. 정신이 반쯤 나가버린 상태에서 제대로 연구할 수 있겠어? 자, 들어가서 일단 푹 쉬고, 헬렌은 나중에 더 돌봐주도록 하지."

우리 둘 다 헬렌을 그렇게 놔두고 싶지는 않았지만, 데이브의 말에는 일리가 있었다. 우리는 방으로 들어갔고, 공기 조절기가 수면 적정 온도로 기온을 조절하기도 전에 잠에 빠져들었다. 그리고 아주 약간의 시간이 흐른 후, 데이브가 내 어깨를 두드리는 것이 느껴졌다.

"필! 어이, 정신 좀 차려봐!"

나는 신음 소리를 내며 몸을 돌렸고, 데이브의 얼굴과 마주쳤다.

"하아? 어! 무슨 일이야? 헬렌이 뭔가…."

"아니, 그런 건 아냐. 그 반 스타일러 아줌마 있잖나. 지금 화상 전화로 연락을 했는데, 아들이 하녀한테 푹 빠졌단다. 지금 메인 주에서 여름휴가 중…인데, 당장 와서 역 호르몬 처방을 해달라더군."

돈 많은 반 스타일러 여사! 헬렌 때문에 내 예금 잔고가 마지막 한 푼까지 털린 지금, 이 고객만은 도저히 실망시킬 수 없었다. 하지만 이건 내가 즐겨 하는 성질의 일이 아니었다.

"역 호르몬 처방이라고! 꼬박 2주일은 걸릴 텐데. 게다가 난 머저리들을 행복하게 하려고 분비선을 만지는 사회 의사가 아니라고. 난 제대로 된 질병을 다루는 사람이란 말이야."

"그리고 헬렌도 보고 싶겠지."

데이브는 얼굴에 웃음을 띠었지만, 태도는 여전히 진지했다.

"그런데 말야, 내가 그 아줌마한테 필요 대금이 5만이라고 말해놨어!"

"뭐라고?"

"그랬더니 그냥 오케이 하더라고. 빨리 해주기만 하면 된대."
이런 제안 앞에서 할 수 있는 일은 단 한 가지뿐이었다. 물론 기회가 된다면 텁텁하게 살찐 반 스타일러 여사의 목을 즐겁게 졸라주고 싶었지만 말이다. 다른 사람들처럼 로봇 하녀를 쓴다면 이런 일은 일어나지 않았을 것 아닌가. 하지만 그 아줌마는 뭐든 평범한 사람들과는 달라야만 만족하는 성미였다.

그 결과, 데이브가 집에서 헬렌을 이리저리 다듬어보는 동안, 나는 아치 반 스타일러가 역 호르몬 처방을 받게 만들 만한 속임수를 생각하며 머리를 쥐어 짜내고 있었다. 그 하녀 아이에게도 똑같은 처방을 해주는 것은 물론. 아, 당연히 그래서는 안 된다는 것은 알고 있지만, 어쩔 수가 없었다. 그 아이는 아치에게 완전히 푹 빠져 있었으니까. 그 3주 동안 데이브가 편지를 썼는지는 알 수 없지만, 적어도 내 손에까지 들어온 것은 한 통도 없었다.

아치가 "치료됐다"고 보고하고 즉각 짐을 챙겨 출발한 것은 예정보다 일주일이 더 지난 3주째의 일이었다. 두둑한 보수를 받은 덕분에, 나는 즉각 개인 로켓을 하나 빌려 30분 만에 메시나까지 날아왔다. 도착하자마자 즉각 집으로 향한 것은 물론이다.

현관에 들어서자마자, 나는 가볍게 종종걸음 치는 발소리, 그리고 뒤따라오는 기대에 찬 목소리를 들었다.

"데이브, 당신이에요?"

한동안 나는 대답하지 않고 서 있었고, 그 목소리가 다시 물었다.

"데이브?"

나는 헬렌을 이렇게 만나게 될 거라고 상상도 하지 못했다. 정확하게 어떤 종류의 상봉을 기대했는지는 모르겠지만, 이건 아니었다. 그녀는 발걸음을 멈추고 실망으로 가득한 얼굴로 나를 바라보고 있었다. 작은 두 손은 가슴 위에 포개져 떨리고 있었다.

"아."

그녀는 울 듯한 얼굴로 말했다.

"데이브인 줄 알았어요. 요즘은 집에서 식사를 통 하지 않지만, 그래도 저녁 식사 전에는 기다리는 습관이 생겼거든요."

그녀는 손을 내리고는 얼굴에 웃음을 띠려 노력했다.

"당신이 필 맞지요? 예전… 처음에 데이브가 당신에 대해 얘기해줬어요. 집으로 돌아온 걸 환영해요, 필."

"잘 지내고 있는 모습을 보니 기쁘군요, 헬렌."

로봇하고 가볍게 대화를 하려면 어떤 얘기를 꺼내야 하려나?

"그, 저녁 식사 중이었나요?"

"아, 맞아요. 데이브는 또 시내에서 식사를 하는 것 같으니까,

우린 일단 들어가죠. 집 안에 누군가 같이 얘기할 사람이 있으면 정말 좋을 것 같아요, 필. 필이라고 불러도 상관없겠죠? 저기, 당신은 나한테는 대부라고 할 수 있는 사람이니까요."

그래서 우리는 저녁을 먹었다. 나는 헬렌이 음식물을 섭취하리라고는 상상도 하지 못했지만, 그녀는 식사를 보행만큼이나 당연한 일로 여기고 있는 듯했다. 그녀는 많이 먹지는 않았다. 거의 대부분의 시간 동안, 그녀는 현관문 쪽을 바라보고만 있었다.

우리가 식사를 마칠 무렵이 되어서야, 얼굴 가득 불쾌한 표정을 띤 채로 데이브가 돌아왔다. 헬렌은 자리에서 일어나려고 했으나, 데이브는 그녀를 피해 재빨리 층계로 올라가며 내게 몇 마디 말을 던졌다.

"반갑네, 필. 좀 있다 올라와서 보세나."

뭔가 심각한 문제가 있는 것이 분명했다. 그의 눈가에는 뭔가에 시달린 기색이 어려 있었다. 헬렌에게로 고개를 돌리자, 그녀의 눈에 눈물이 고이기 시작하는 것이 보였다. 그녀는 훌쩍 하고 울음을 삼킨 다음, 자신의 음식에 격렬하게 달려들었다. 나는 그런 그녀를 보며 물었다.

"대체 저 친구하고 당신 사이에 무슨 일이 있었던 겁니까?"

"나한테 질렸나 봐요."

헬렌은 접시를 밀어놓고 서두르듯 자리에서 일어났다.

"내가 식탁을 치우는 동안 그 사람에게 올라가 보세요. 그리고 이건 나 때문이 아니에요. 내 잘못도 아니고요."
그녀는 접시들을 집어 들고 부엌으로 숨듯 사라져버렸다. 내 눈에는 분명 그녀가 울고 있는 것으로 보였다.

모든 사고는 조건에 따른 반응의 연속일지도 모른다. 하지만 그녀는 내가 없는 동안 상당히 다양한 종류의 조건을 습득한 듯했다. 한창 잘나갈 때의 레나도 이 정도는 아니었다. 나는 데이브가 이 수수께끼를 좀 풀어줄 수 있을 것이라고 기대하며 위층으로 올라갔다.

데이브는 큰 잔에 담긴 애플 브랜디에 소다수를 조금씩 짜 넣고 있었다. 술병은 거의 비어 있는 것 같았다. 그는 나를 올려다보며 말했다.

"한잔하겠나?"
나쁘지 않은 생각인 듯했다. 머리 위로 들리는 이온 로켓의 우레와도 같은 발사음 말고는 집안에 익숙한 것이 단 하나도 남아 있지 않았다. 데이브의 눈 주위를 보건대, 이 술병이 내가 없는 동안 비운 첫 술병은 아닌 듯했다. 물론 마지막 술병은 더욱더 아니고. 그는 바로 새 술병을 꺼내어 땄다.

"데이브, 물론 이건 어디까지나 자네 문제지만 말이지, 술을 그렇게 마신다고 신경이 안정되지는 않을 거야. 대체 자네하고 헬렌에게 무슨 일이 있었던 거야? 유령이라도 본 건가?"

헬렌이 틀렸다. 데이브는 시내에서 식사를 하는 것이 아니었다. 그는 어디에서도 제대로 먹고 있지 않음이 분명했다. 의자 안으로 파고든 그의 쭈그러든 근육에는 피로와 신경증 증세의 영향도 보였지만, 그보다 더 명확한 것은 굶주림의 흔적이었다.

"눈치챈 모양이지, 음?"

"눈치를 채? 자네하고 헬렌 둘이서 내 목구멍에 쑤셔 박았다고 하는 게 맞겠지."

"으으으으음."

데이브는 파리를 쫓는 시늉을 하더니, 공기 소파 안으로 더 깊숙이 몸을 뉘었다. "아무래도 자네가 돌아올 때까지 헬렌을 작동시키지 말고 기다릴 걸 그랬나 봐. 하지만 그 스테레오 방송국만 바뀌지 않았어도… 여하튼 그게 바뀌어버린 게 문제였어. 그리고 자네의 그 눈물 짜는 책들이 제대로 마무리를 지어버렸지."

"아하, 그래, 고맙네. 정말로 정리가 잘되는 것 같은데."

"있잖아, 필. 시골에 내 소유로 되어 있는 과수원이 하나 있거든. 아버지가 유산으로 물려줬지. 아무래도 그쪽을 좀 알아봐야 할까 봐."

대화는 시종 이런 식이었다. 하지만 결국, 엄청난 양의 알코올과 그보다 더 많은 양의 노력을 쏟은 결과, 나는 그동안 있었던 일의 일부를 끌어낼 수 있었다. 데이브에게 아미탈을 먹이고 침대로 보낸 후, 나는 헬렌을 쫓아다니며 전체 줄거리가 이해될 때까지 계속해서 캐물었다.

내가 떠나자마자, 데이브는 헬렌의 전원을 올리고 예비 테스트를 한 모양이었다. 그리고 결과는 완전히 만족스러웠다. 그녀는 깔끔하게 반응했다. 너무도 깔끔해서, 데이브가 그녀를 놔두고 평소와 같이 일하러 가겠다는 결정을 내릴 정도였다.

그리고 당연하게도, 아직 시험해 보지 않은 다양한 감정을 가진 그녀는 호기심으로 가득 차 있었고, 데이브가 자신 곁에 머물러주기를 원했다. 그때 그에게 한 가지 생각이 떠올랐다. 헬렌에게 집에서 해야 할 일이 어떤 것인지를 보여준 다음, 그는 그녀를 스테레오 화면 앞에 앉혔다. 그러고는 여행 영화를 틀어놓고, 그것으로 시간을 때우도록 그녀를 놔두고 가게로 가버렸다.

영화는 끝날 때까지 그녀의 관심을 끌었고, 그 후 방송국이 바뀌어 래리 에인슬리가 등장하는 최신 연속극이 방송되기 시작했다. 우리와 쌍둥이들 사이에 문제를 일으킨 그 핸섬한 배우 말이다. 우연찮게도, 그는 어딘가 데이브와 닮은 구석이 있었다.

헬렌은 물을 만난 바다표범과도 같이 그 연속극을 받아들였다. 배우들의 연기는 새로운 감정을 표현하는 데 너무나도 완벽한 교범이 되었다. 그 연속극이 끝나자, 헬렌은 다른 채널에서 다른 러브 스토리를 찾았고, 자신의 정보에 몇 가지를 추가했다. 오후 방송은 대부분 뉴스와 음악이었지만, 그녀는 마침내 책들을 찾아냈다. 그리고 나는 뭐랄까, 문학작품에 있어 약간 성인 취향을 고수하고 있었다.

데이브는 한껏 기분이 좋아져서 집으로 돌아왔다. 현관은 깨끗하게 청소되어 있었고, 지난 몇 주 동안 집 안에서는 맡을 수 없었던 음식 냄새가 공기 중을 떠돌며 그를 반겼다. 그는 헬렌을 엄청나게 능률적인 가정부로 생각하고 있었다.

따라서, 뒤에서 다가온 한 쌍의 튼튼한 팔이 그의 목을 두르고, 은근한 목소리가 귓가에 속삭이는 것을 들었을 때, 그는 충격을 받을 수밖에 없었다.

"아, 데이브, 내 사랑. 정말로 당신이 그리웠어요. 그리고 당신이 돌아와서 정말 흥분돼요."

헬렌은 세련된 기술을 가지고 있지는 못했지만, 그 결점을 만회하고도 남을 열정을 가지고 있었다. 데이브는 자신에게 키스하려는 그녀를 제지하며 그 사실을 알게 되었다. 그녀는 아주 빠르고 격렬하게 모든 것을 습득했으며, 원자 동력으로 움직이고 있었다.

데이브는 이성 관계에서 꽁무니를 빼는 성격은 아니었지만, 그에게는 그녀가 로봇이라는 것을 기억할 정도의 이성은 남아 있었다. 그의 품속에 안긴 헬렌이 사랑스러운 여신과도 같이 보이고, 느껴지고, 행동한다는 사실은 중요한 것이 아니었다. 그는 상당한 노력을 들여 그녀를 떼어낸 다음 저녁 식탁으로 이끌었고, 함께 저녁을 먹으며 그녀의 주의를 다른 곳으로 돌리려 애썼다.

   저녁 작업이 끝난 후, 데이브는 헬렌을 서재로 불러서 그녀의 행동이 왜 잘못된 것인가에 대해 자세한 설명을 늘어놓았다. 물론 현재 그녀의 위치, 스테레오 방송의 어리석음, 그 외의 다양한 제반 사항을 모두 포함한 세 시간 동안의 설교였으니 명강연이었음이 분명하다. 그러나 그 모든 설명이 끝난 후, 헬렌은 물기 어린 눈을 들어 그를 바라보며 간절한 목소리로 속삭였다.

   "나도 알아요, 데이브. 하지만 나는 아직도 당신을 사랑해요."
이때 이후로 데이브는 술에 빠져 살기 시작했다. 하루하루가 지나갈수록 상황은 더 심해져 갔다. 그가 시내에서 시간을 보내다 오면, 집에 왔을 때 그녀는 눈물을 흘리고 있었다. 제시간에 도착하면, 그녀는 야단법석을 떨며 그에게 달라붙어 떨어지지를 않았다. 방에 들어가 문을 닫아걸고 앉아 있노라면, 그녀가 계단을 오르락내리락하며 웅얼거리는 소리가 들렸다. 그리고 아래층으로 내려오면, 헬렌은 우수 어린 눈길로 그를 계속해서 쳐다보고 있었다. 지친 데이브가 다시 2층으로 도망갈 때까지.

아침이 되자 나는 헬렌에게 가짜 심부름을 주어 보낸 다음 데이브를 깨웠다. 그녀가 없는 동안, 나는 데이브에게 푸짐한 아침 식사를 차려 주고 신경 안정제를 처방해 주었다. 그러나 그는 여전히 생기가 없고 우울했다. 나는 그의 우울한 침묵을 깨고 말을 걸었다.

"이봐, 데이브. 헬렌은 인간이 아니잖아. 그냥 전원 내리고 메모리 코일 몇 개만 바꾸면 되는 거 아냐? 그런 다음에 사실 그녀는 사랑을 하고 있던 것이 아니고, 로봇은 그럴 수도 없다고 설득해 버리면 되는 일이잖아."

"자네가 해보지 그래. 나도 그런 생각을 했지만, 헬렌이 호메로스도 깨울 정도의 대단한 비명을 지르더군. 그녀 말로는 그건 살인이라는 거야. 그리고 젠장할, 나도 그런 느낌이 든단 말이지. 헬렌이 순교자 같은 얼굴을 하고 어서 날 죽이라고 말할 때의 모습을 보면 도저히 그녀가 인간이 아니라는 생각이 들지 않아."

"인간이 사랑할 때 느끼는 분비물의 대용품은 넣지 않았을 텐데."

"우리가 뭘 넣었는지 모르겠어. 헤테론이 역류하거나 그런 거 아닐까. 어쨌든, 헬렌은 그런 종류의 것을 너무 좋아해서 말이지, 완전히 새로운 메모리 코일 세트를 삽입해줬으면 하던데."

"뭐, 못할 것도 없지."

"그럼 그렇게 하라고. 자네가 이 집의 의사 아닌가. 나는 감정을 가지고 노는 일에는 젬병이야. 사실 말이지, 헬렌이 그런 식으로 행동하기 시작하고부터, 나는 로봇 일에 흥미를 잃었네. 사업을 그냥 통째로 날려버려야 할까 봐."

그는 헬렌이 보도를 따라 걸어오는 것을 보고는, 모노레일 정류장으로 통하는 뒷문을 통해 총알같이 튀어나갔다. 나는 그를 다시 침대에 잡아넣고 싶었지만, 그냥 그렇게 떠나도록 놔두기로 했다. 아마도 집보다는 가게에서 더 안정을 취할 수 있을 테니까.

"데이브는 갔나요?"

헬렌은 지금 그 예의 순교자 같은 얼굴을 하고 있었다.

"그래요. 내가 먹을 걸 좀 차려줬고, 바로 직장으로 떠났죠."

"뭔가를 좀 먹었다니 다행이네요."

그녀는 지친 사람처럼 의자에 몸을 던졌다. 물론 나로서는 대체 어떻게 해야 로봇이 지칠 수 있는지를 알 수가 없었지만.

"필?"

"음, 왜요?"

"내가 그에게 나쁘다고 생각해요? 그러니까 음, 내가 여기 없었다면 그가 더 행복했을 거라고 보나요?"

"당신이 계속 이런 식으로 행동하면 데이브는 미쳐버릴지도 몰라요."

그녀는 얼굴을 찡그렸다. 그녀의 작은 손은 애원하는 것처럼 흔들리고 있었고, 그런 그녀를 보고 있노라니 내 스스로가 비열한 악당인 것 같은 느낌이 들었다. 그러나 내가 시작한 일이니 끝을 맺어야 했다.

"내가 당신의 전원을 끊고 코일을 바꾸더라도, 아마 그 친구는 계속해서 당신의 환영에 시달릴 겁니다."

"나도 알아요. 하지만 나도 어쩔 수가 없어요. 그리고 나는 분명히 좋은 아내가 될 수 있을 거예요. 정말이에요, 필."

나는 움찔했다. 이건 뭔가 한도를 넘어서고 있었다.

"그리고 기계로 만든 아이를 낳아줄 건가요? 사람은 피와 살을 원하지, 고무와 금속을 원하지 않아요."

"그만, 제발요! 나는 내 자신이 그런 것으로 만들어져 있다는 생각을 참을 수가 없어요. 나 자신에게는, 나는 한 명의 여성이에요. 그리고 당신은 내가 얼마나 실제 여성을 완벽하게 모사할 수 있도록 만들어졌는지 알고 있잖아요…… 모든 면에서. 물론 데이브의 아이를 낳을 수는 없겠지만, 다른 모든 면에서는…… 정말 열심히 노력했어요. 나는 분명 좋은 아내가 될 수 있을 거예요. 난 알아요."

이쯤에서 나는 포기해 버렸다.

데이브는 그날도 그다음 날도 집에 들어오지 않았다. 헬렌은 걱정으로 가득 차서 호들갑을 떨며 병원이나 경찰에 연락해 보라고 계속해서 나를 종용했지만, 나는 그에게 아무 일도 없다는 사실을 확신하고 있었다. 그는 언제나 신분증을 가지고 다녔으니까. 그러나 3일째까지도 데이브가 귀가하지 않자 나도 슬슬 걱정이 되기 시작했다. 때마침 헬렌이 그의 가게로 가보겠다고 나섰고, 나도 그녀와 동행하기로 했다.

데이브는 내가 모르는 사람 한 명과 함께 가게에 있었다. 나는 안쪽이 보이지는 않지만 말소리는 들릴 만한 곳에 헬렌을 숨겨둔 다음, 그 손님이 나가자마자 가게 안으로 들어갔다.
데이브는 약간이나마 상태가 나아 보였고 나를 만나 기쁜 듯했다.

"어이, 필. 이제 가게 문을 닫을 거네. 같이 뭐 좀 먹으러 가지."
헬렌은 더 이상 견디지 못하고 가게 안으로 뛰어 들어왔다.

"집으로 가요, 데이브. 향료를 채운 구운 오리가 있어요. 당신 그거 정말 좋아하잖아요."

"꺼져!"
데이브가 소리치자, 그녀는 움찔하고 등을 돌려 가버리려고 했다.

"아니, 잠깐, 기다려. 아마 너도 이 얘기를 들어둘 필요가 있을 테니까. 이 가게 팔렸어. 방금 나간 그 친구가 이 가게를 샀지. 난 저번에 말했던 그 과수원으로 갈 거야. 더 이상 기계를 견딜 수가 없어."

"그런 일을 하다가는 굶어 죽을걸."

"아니, 야외에서 키워낸 옛날 방식의 식물은 계속 수요가 늘어나고 있다네. 사람들은 수경 재배한 물건들에 질려가고 있거든. 아버지도 과수원 일을 해서 먹고사셨지. 집에 돌아가서 짐을 챙기는 대로 떠날 작정이네."

헬렌은 자신의 생각을 계속해서 고집했다.

"당신이 먹는 동안 내가 짐을 쌀게요, 데이브. 디저트로 애플파이를 만들어놨어요."

세계가 발밑에서 무너지고 있었지만, 그녀는 여전히 데이브가 애플파이를 좋아한다는 사실을 기억하고 있었다.

헬렌은 뛰어난 요리사, 아니 요리의 천재였다. 인간 여성과 기계 요리사의 장점을 하나로 묶어놓았다고나 할까. 데이브는 일단 음식에 손을 대기 시작한 후에는 게걸스럽게 먹었다. 저녁식사가 끝난 후, 그는 오리와 애플파이가 아주 마음에 들었고, 짐을 챙겨줘서 고맙다고 헬렌에게 말할 수 있을 만큼 기분이 풀려 있었다. 심지어는 그녀가 그에게 굿바이 키스를 하는 것을 허락하기까지 했다. 로켓 발착장까지 배웅하겠다는 제안은 단호하게 거부했지만.

데이브를 보낸 후 한동안, 헬렌은 꿋꿋하게 행동하려고 노력했다. 우리는 반 스타일러 여사의 하녀를 화제로 삼아 어색한 대화를 나누곤 했다. 그러나 곧 대화는 늘어지기 시작했고, 그녀는 대부분의 시간을 멍하니 창밖을 쳐다보며 지냈다. 심지어는 스테레오의 코미디 방송에도 흥미를 잃은 듯했다. 나는 그녀가 자기 방으로 돌아가는 모습을 나름 기쁘게 바라보았다. 그녀는 원하면 전원을 내리고 잠자는 행위를 흉내 낼 수 있었다.

시간이 지나가며, 나는 그녀가 왜 스스로를 로봇이라고 믿을 수 없는지 이해하기 시작했다. 나 자신조차도 그녀를 여성이자 동반자라고 생각하게 된 것이다. 혼자 수심에 잠겨 있는 묘한 침묵의 시간이나, 전혀 오지 않는 편지를 기다리며 원격 전보기 앞에 서 있는 시간을 제외하면, 그녀는 남자가 생각할 수 있는 가장 이상적인 반려자였다. 헬렌은 내가 사는 장소에 가정의 분위기를 부여했다. 레나는 결코 그런 일을 할 수 없었다.

나는 헬렌을 데리고 허드슨가로 쇼핑을 나갔고, 그녀는 깔깔 웃으며 최신 유행의 비단과 유리 섬유 다발을 살펴보기도 하고, 수많은 모자를 써 보기도 하는 등, 평범한 젊은 여성이 할 만한 행동을 하며 시간을 보냈다. 하루는 송어 낚시를 갔고, 그곳에서 헬렌은 자신이 남성만큼이나 튼튼하고 필요할 때는 침묵을 지킬 수 있다는 것을 증명해 보였다.

나 자신도 그런 상황을 무척 즐겼고, 그녀가 데이브를 잊어가고 있다고 생각하게 되었다. 그러나 그러던 어느 날, 평소보다 좀 더 일찍 귀가했을 때 나는 헬렌이 소파에 누워 다리를 위아래로 흔들면서 온 힘을 다해 울고 있는 것을 발견했다.

나는 즉각 데이브에게 연락했다. 연결이 쉽지 않은 듯했고, 내가 기다리는 동안 헬렌이 내 옆으로 다가왔다. 그녀는 프로포즈를 하려는 노처녀와 같이 긴장해서 안절부절못하고 있었다. 그리고 결국 데이브와 연결이 닿았다.

"잘 지내고 있나, 필? 나는 방금 여기서 짐을 싸기…"

모니터에 그의 얼굴이 떠오르자마자 그가 물었다. 나는 그의 말을 끊고 끼어들었다.

"여기서는 지금까지 대로 해나갈 수 없을 것 같네, 데이브. 결정했어. 오늘 밤 헬렌의 코일을 빼낼 거네. 지금처럼 계속 고통을 겪느니, 차라리 그렇게 하는 편이 그녀에게도 나을 게야."

헬렌이 다가와서 내 어깨에 손을 올렸다.

"그게 제일 나을지도 모르겠어요, 필. 당신을 책망하지는 않을래요."

데이브의 목소리가 자르고 들어왔다.

"필, 자네 지금 뭘 하려는 건지나 알고 있나!"

"물론이지. 자네가 여기 도착할 때쯤이면 모든 것이 끝나 있을 걸. 자네도 들었겠지만, 그녀도 동의하고 있네."

어두운 기색이 데이브의 얼굴을 스치고 지나갔다.

"나는 동의 안 했어, 필. 그녀의 절반은 내 거야. 내가 반대한다고!"

"자네 그게 지금 무슨…"

"계속하게. 나한테 무슨 욕이든 해도 좋아. 마음을 바꿨네. 자네가 연락했을 때 나는 돌아가려고 짐을 싸고 있었다고."

헬렌은 모니터에 눈을 고정시킨 채로, 내 앞으로 돌아 들어오며 말했다.

"데이브, 당신 설마 지금…"

"내가 얼마나 바보였는지를 이제야 깨달았어, 헬렌. 필, 몇 시간 안에 집에 도착할 거네. 그러니까 뭔가 문제가 있거든…"

그는 몸소 나를 쫓아낼 필요가 없었다. 내가 알아서 집을 비워줬으니까. 하지만 내가 문을 닫고 집에서 나갈 때, 헬렌이 농장 주인의 아내가 되는 일에 대해 즐겁게 혼잣말을 하는 소리가 들려오기는 했다.

뭐, 나는 그들이 생각한 만큼 놀라지는 않았다. 내가 데이브에게 연락했을 때 어떤 일이 일어날지 이미 예상하고 있었다고나 할까. 한 여자를 싫어하는 사람이 데이브처럼 행동할 리가 없다. 단지 자신이 싫어하고 있다고, 그릇된 확신을 하고 있을 뿐.

그 어떤 여인도 헬렌보나 더 아름다운 신부, 사랑스러운 아내가 될 수는 없었을 것이다. 시간이 흘러도 그녀는 요리와 가정을 꾸리는 일에 대한 열정을 결코 잃지 않았다. 그녀가 떠나고 난 후 우리의 옛 집은 텅 비어 보였고, 나는 한 주에 하루 이틀 정도 과수원에 들르는 습관이 생겼다. 물론 그들 사이에도 여러 가지 문제가 있었겠지만, 내 눈에 뜨일 정도는 아니었고, 이웃들은 그들이 평범한 인간 부부가 아니라는 의심은 결코 하지 않았다.

데이브는 나이를 먹었지만, 헬렌은 변하지 않았다. 그러나 나와 헬렌은 얼굴에 주름살을 그려 넣고 머리를 회색으로 물들이며, 그녀가 남편과 함께 늙어가지 않는다는 사실을 데이브가 눈치채지 못하게 했다. 내 생각에 데이브는 헬렌이 인간이 아니라는 사실을 잊어버렸던 듯하다.

나 역시 실질적으로는 그 사실을 잊고 있었던 것이나 다름없었다. 그러나 오늘 아침 헬렌으로부터 도착한 편지 덕분에 나는 현실을 직면했다. 편지에는 그녀의 아름다운, 그러나 약간 떨리는 글씨체로, 데이브도 나도 예측하지 못한 피치 못할 결말이 적혀 있었다.

사랑하는 필.

당신도 알겠지만, 데이브는 최근 몇 년간 심장에 문제가 있었어요. 그래도 예전과 같이 함께 살고 싶었지만, 하늘이 그걸 허용하지 않는 듯하네요. 그는 일출 바로 전에 내 품에서 숨을 거두었어요. 당신에게 감사와 작별의 인사를 전한다고 하더군요.

당신에게 마지막으로 부탁할 일이 하나 있어요, 필. 이 일이 끝난 다음에는 나를 위해 해줄 수 있는 일이 한 가지밖에는 없을 테지만요. 산은 금속도 육체만큼이나 빠르게 태워버리지요. 나는 데이브와 함께 죽을 거예요. 우리가 함께 묻힐 수 있도록, 그리고 장의사들이 내 비밀에 대해 알지 못하도록 해주세요. 데이브도 그걸 원할 거예요.

불쌍한, 사랑하는 필. 당신이 데이브를 형제와 같이 사랑했다는 것도, 당신이 나에 대해서 어떤 감정을 가졌는지도 알고 있어요. 부디 우리 때문에 너무 슬퍼하지 말아주세요. 우리는 함께 행복한 삶을 살았고, 이 마지막 다리를 서로의 손을 잡고 건너야 한다는 것을 알고 있으니까요.

사랑과 감사를 담아, 헬렌.

언젠가는 일어날 수밖에 없었던 일임이 분명했고, 최초의 충격도 이제는 잦아들었다. 나는 헬렌의 마지막 부탁을 들어주기 위해 몇 분 후에 떠나려 한다.
데이브는 운 좋은 녀석이었고, 내 가장 소중한 친구였다. 그리고 헬렌은⋯.
글쎄, 아까 말했지만, 나는 이미 늙었고, 보다 이성적으로 사물을 보는 눈을 얻었다. 지금에 와서 생각해 보면, 아무래도 나도 결혼하고 가정을 꾸렸어야 옳았을 듯하다.

하지만 세상에 헬렌 올로이는 단 하나뿐이었다.

ⓒ 『SF 명예의 전당 2 - 화성의 오디세이』, 레스터 델 레이 외 지음, 로버트 실버버그 엮음, 최세진·조호근·이정·정궁 옮김, 오멜라스, 2010

작가 소개

레스터 델 레이

과학소설 작가로 미국 SF의 황금기를 열었던 대표 작가 중 한 명이다. 인간보다 더 인간미 넘치는 로봇 이야기를 많이 선보였다. 부인과 함께 SF 전문 출판브랜드 '델 레이 북스'를 운영한 편집인으로 유명하다.

느낌들

리들리 스콧 감독의 저주받은 걸작 <블레이드 러너>(1982)는 도망친 인조인간들을 폐기 처리하는 임무를 맡은 사냥꾼 릭 데커드의 이야기이다. 질문을 받았을 때 동공의 움직임만이 유일한 차이라고 할 만큼 완벽하게 재현된 로봇인간들을 통해 우리는 인간을 인간답게 만드는 것이 무엇인지에 대해 고민하게 된다. 소설 속 헬렌 올로이가 필과 데이브를 당황스럽게 만든 것은 사랑이라는 고차원적인 감정이 모방과 입력을 통해 로봇이 학습할 수 있는 영역 안에 있다는 점. 그리고 인간보다 더 인간적인 감정을 소유한 로봇이 우리에게 선사한 감정을 '사랑'이라고 부를 수밖에 없다는 점이다.

2부
우정에 대하여

우정

피천득

등 덩굴 트레리스 밑에 있는 세사밭, 손을 세사 속에 넣으면 물기가 있어 차가웠다.

왼손이 들어 있는 세사 위를 바른손 바닥으로 두들기다가 왼손을 가만히 빼내면 두꺼비집이 모래 속에 작은 토굴같이 파진다.

손에 묻은 모래가 내 눈으로 들어갔다. 영이는 제 입을 내 눈에 갖다 대고 불어 주느라고 애를 썼다. 한참 그러다가 제 손가락에 묻었던 모래가 내 눈으로 더 들어갔다. 나는 눈물을 흘리며 울었다. 영이도 울었다. 둘이서 울었다.

어느 날 나는 영이 보고 배가 고프면 골치가 아파진다고 그랬다. "그래그래" 하고 영이는 반가워하였다. 그때같이 영이가 좋은 때는 없었다.

우정은 이렇게 시작이 되는 것이다. 하품을 하면 따라 하품을 하듯이 우정은 오는 것이다. 오랫동안 못 만나게 되면 우정은 소원해진다. 희미한 추억이 되어 버리기도 한다. 나무는 심는 것도 중요하지만 기르는 것이 더욱 어렵고 보람 있다. 친구는 그때그때의 친구도 있을 수 있다. 그러나 정말 좋은 친구는 일생을 두고 사귀는 친구다.

우정의 비극은 이별이 아니다. 죽음도 아니다. 우정의 비극은 불신不信이다. 서로 믿지 못하는 데서 비극이 온다.

'늙은 어머니가 계셔서 그렇겠지.'

포숙鮑叔이 관중管仲을 이해하였듯이 친구를 믿어야 한다. 믿지도 않고 속지도 않는 사람보다는 믿다가 속는 사람이 더 행복하다.

여성과의 우정은 윤기 있는 위안을 준다. 영민한 여성과의 우정은 다채로운 기쁨을 주고, 순박한 여성과의 우정은 영혼을 승화시켜 준다. 이성 간의 우정은 사상의 변모이거나 결국 사랑으로 끝난다고도 하지만 그렇지는 않다. 연정과는 달리 우정은 담박하여 독점욕이 숨어 있지 않다. 남녀 간의 우정은 결혼 후에는 유지되기가 매우 어렵다. 그 남편의, 그 아내의 교양 있는 아량이 필요하기 때문이다.

친구는 널리 많이 사귈 수도 있다. 그러나 어떤 한 친구에게 마음을 다 바치는 예도 있다. 백수십 편이나 되는 셰익스피어의 소네트, 밀턴의 장시長詩 「리시다스Lycidas」, 테니슨이 수년을 걸쳐서 쓴 130편이 넘는 「인 메모리엄In Memoriam」은 모두 단 한 친구를 위한 우정의 표현이었다.

> 내 처지 부끄러워 헛된 한숨 지어 보고
> 남의 복 시기하여 혼자 슬퍼하다가도
> 너를 문득 생각하면 노고지리 되는고야
> 첫새벽 하늘을 솟는 새, 임금인들 부러우리
> 　　　　　　　　　 -셰익스피어, 「소네트 29번」

마음 놓이는 친구가 없는 것 같이 불행한 일은 없다. 늙어서는 더욱 그렇다. 나에게는 수십 년간 사귀어 온 친구들이 있다. 그러나 하나둘 세상을 떠나 그 수가 줄어 간다. 친구는 나의 일부분이다. 나 자신이 줄어 가고 있다.

나 죽을 때 옆에 있어 주기를 바랐던 친구가 먼저 가버리기도 하였다. 다행히 지금도 나에게는 일주일에 한 번쯤 만나는 친구 몇 분이 있다. 만나서 즐기는 것은 청담淸談뿐은 아니다. 늙은 이야기, 자식 이야기, 그런 것들이다. 때로는 학문의 고답한 경지에 들어가기도 하지만 어느덧 섹스가 화제가 되어 소리 내어 웃기도 한다.

ⓒ 『인연』, 피천득 지음, 샘터사, 2002

작가 소개

피천득

시인, 수필가 겸 영문학자. 일상에서 느끼는 감정을 친근하고 아름답게 표현하는 작가로 서정적이고 명상적인 수필로 호평받았다. 주요 작품으로는 『은전 한 닢』, 『인연』, 『서정소곡』 등이 있다.

느낌들

사랑의 비극은 소유욕에서 비롯되지만, 우정의 비극은 불신에서 비롯된다. 믿을 만한 친구를 만나는 일이 힘든 이유는 우리가 타인에게 먼저 믿음을 갖지 못하기 때문은 아닐까. 바쁜 일상에서 친구를 만드는 일도, 마음을 여는 일도 쉽지 않다. 그때그때 필요에 따라 친구를 사귀는 경우도 있다. 때와 장소를 가리지 않고 나눌 수 있는 우정, 자주 만나지 못해도 변하지 않는 우정을 쌓기 힘든 요즘, 일생을 두고 사귀는 친구가 좋은 친구라는 작가의 말이 새삼스레 가슴을 울린다. 어느 시인은 "사랑할 시간이 많지 않다"고 했지만, 우정을 나눌 시간도 많지 않다.

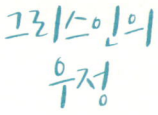

박경철

탁월함, 용기와 우정

그리스에서 탁월함은 다양한 측면에서 추구되었다. 하지만 처음에는 주로 아킬레우스와 같은 용맹한 전사들이 탁월함의 대상이었다. 호메로스가 아킬레우스를 두고 "그리스인들 중에서 가장 훌륭한 사람이자, 말한 대로 행동하는 사람"이라고 썼듯이 아킬레우스는 '탁월함arete'을 추구한 전형적인 인물이었는데, 그가 탁월함을 뽐낼 수 있는 가장 중요한 덕목은 '용기'와 '우정'이었다. 호메로스가 묘사한 그의 삶은 오로지 이런 용기와 우정으로 이루어진 명예kleos를 추구하는 것, 그 이상도 이하도 아니었다. 그래서 그는 전쟁에서는 물러서지 않는 용기를 보여줬고, 죽은 친구 '파트로클로스Patroklos'의 복수를 위해 트로이의 영웅 헥토르를 잔인하게 다루었다.

『일리아스』를 펼치면 아킬레우스와 헥토르가 최후의 일전을 겨루기 직전에 대화를 나누는 장면이 나온다. 그 장면에서 헥토르는 이렇게 제안한다. "둘 중 누가 죽더라도 패자의 시신을 모욕하지 말고 정중히 돌려주도록 하자." 이에 아킬레우스는 단호하게 대답한다.

> "헥토르여. 잊지 못할 자여! 내게 합의에 관해 말하지 마라.
> 마치 사자와 사람 사이에 맹약이 있을 수 없고
> 늑대와 새끼 양이 한마음 한뜻이 되지 못하고
> 시종일관 서로 적의를 품듯이, 꼭 그처럼
> 나와 그대는 친구가 될 수 없으며 우리 사이에
> 맹약이란 있을 수 없다."

격전 끝에 마침내 아킬레우스는 헥토르를 무참히 살해한다. 헥토르가 죽어가며 자신의 시신을 개들이 뜯어먹게 하지 말고 돌려보내 가족들이 화장하게 해달라고 간청하는데도, "개 떼와 새 떼가 네 몸을 뜯어 먹게 하겠다"고 응수하며 최후의 일격을 가한다.

자신의 친구를 죽인 데 대한 복수 즉 우정의 분노 때문이다. 그렇게 그는 잔인한 용기를 보였지만 그리스인들은 아킬레우스를 최고의 영웅으로 받들고 칭송한다. 이 용기와 우정xenia이라는 두 가지 정신은 고대 그리스의 탁월함 그 자체였으며, 지금도 그리스인을 이해하는 중요한 키워드이다.

모든 선의를 베푸는 것이 친구다

오늘날에도 그리스에서 우정은 탁월함을 만족시키는 중요한 덕목임에 틀림없다. 마침 크레타를 두 번째 방문했을 때의 일이다. 그때도 제일 먼저 찾은 곳은 역시 '니코스 카잔차키스'의 묘소였다. 첫 방문 때도 들렀지만, 스물네 살 이후 25년간 내 의식에 깊이 자리 잡고 영향을 미쳤던 이의 무덤 앞에 서는 느낌은 떨림과 벅참을 넘어서는 것이었다. 그 미묘한 감정은 말 그대로 감동이었다. 다시 찾은 크레타에서 그 감동을 다시 느끼고 싶었던 것이다.

"나는 아무것도 바라는 것이 없다. 나는 아무것도 두려운 것이 없다. 나는 자유다"라고 새겨진 그 유명한 묘비 앞에서 한동안 묵상했다. 묵상을 마쳤을 때 나도 모르게 발길이 가게로 향했다. 부리나케 우조(그리스의 증류주) 한 병을 사 들고 다시 묘소로 돌아와서는 내 앞에 이 섬을 방문했던 이윤기 선생처럼 제단 앞에 술을 부어놓고 큰절을 올렸다. 두 차례의 큰절에 이어 반절까지 올리고 나자 주변에 있던 그리스인들이 신기한 눈으로 바라보며 카메라를 들이댔다.

그 가운데 한 명이 다가와 물었다.

"이것이 무슨 행동인가?"

그들의 눈에는 중년의 동양 남자가 낯선 의식을 치르는 게 이상해 보였을 게 분명했다. 호기심이 가득한 그에게 웃으며 대답했다.

"나는 멀리 수천 킬로미터 떨어진 한국에서 온 사람이다. 지금 이 의식은 우리나라에서 먼저 떠난 분에게 최고의 경의를 표하는 풍습이다."

그러자 그가 고개를 끄덕이며 내게 다시 물었다.

"멋진 풍습인 것 같다. 그런데 왜 멀리까지 찾아와 그리스 작가의 무덤 앞에 이런 경의를 표하는가?"

순간 조건반사처럼 이런 말이 내 입에서 튀어나왔다.

"He's my hero(그는 내게 영웅입니다)."

분명히 나의 무의식이 내 입을 빌려 한 대답이었을 것이다.

그는 내 말에 약간 감동한 눈치였다. 그러더니 잠시 후 "그렇다면 크레타를 방문한 목적이 니코스 카잔차키스 때문이냐?"며 묻기에, "그렇다"며 고개를 끄떡였더니 반색을 하며 뜻밖의 제안을 해왔다.

"나는 이곳 크레타 섬의 택시 기사이다. 내일 하루 당신을 위해

무보수로 크레타 섬에 있는 니코스 카잔차키스의 흔적이 있는 곳을 안내해주겠다."

크레타 섬에서 니코스의 흔적을 찾는 일은 혼자서는 엄두도 낼 수 없는 일이었으니, (비용을 치르더라도) 렌터카를 빌리는 것보다 훨씬 탁월한 선택이었다. 그의 제안을 기꺼이 고맙게 받아들였다. 덕분에 이전에 들르지 못했던 크레타의 속살을 속속들이 들여다볼 수 있었다. 하지만 그것으로 끝이 아니었다. 투어를 마치고 그가 자신의 집으로 나를 초대한 것이다. 정성 들여 차린 저녁 식사는 충분히 감동적이었다.

이 감동적인 호의에 충분히 고마움을 느끼면서도 한편으로 내 머릿속에 계산기가 작동하기 시작했다. '제주도라면 요즘 하루 택시 대절비가 얼마일까? 대충 가늠으로 25만 원 정도라고 생각한다면, 그리스 국민소득이 3만 달러 남짓이니 우리보다 50퍼센트 정도 많은 편이고, 그 점을 감안하면 200~250유로 정도가 적당할까, 아니면 부족할까?'

음식을 삼키면서도 속으로는 분주하게 계산을 하고 있었다. 그런데 그 와중에 그의 아내가 포도주 한 병을 내오며 '3년간 묵히며 따지 않은 귀한 포도주'라는 말과 함께 뚜껑을 따는 것이었다. 아뿔싸! 순간 내 머릿속의 계산기에서는 다시 50유로가 추가되어야 했다. 어쨌든 감동적인 음식과 귀한 포도주로 생각지도 못한 감격적인 식사를 마치고 자리에서 일어설 즈음, 그와 그의 아내에게 정중하게 인사를 하며 사례의 표시로 봉투를 내밀었다. 그의 배려와 후의에 이만큼의 사례가 적당한지는 모르겠지만, 적어도 고마운 마음만 전하고 떠나는 건 예의가 아닌 것 같았기 때문이다. 헌데 그가 완강한 표정으로 거절을 하는 게 아닌가. 첫눈에 그것이 의례적인 거절이 아니라는 게 느껴져서 쑥스럽지만 봉투를 물리며 그에게 물었다.

"왜 내게 이런 친절을 베풀었습니까?"

"니코스 카잔차키스는 나에게도 영웅입니다. 그러니 우리는 친구입니다."

그는 너털웃음을 터트리며 그렇게 대답했다. 그리스인들에게 우정이란 이런 것이다. 내가 사랑하는 것을 같이 사랑하고, 내가 살아가는 곳에 같이 살아가고, 내가 아끼는 것을 같이 아끼는 사람. 그것이 친구이고, 친구에게는 모든 선의를 베풀어야 하는 것. 그것이 그리스인들의 명예의 한 축을 담당하는 '우정'이란 말의 의미다. 이 우정은 곧 명예고, 거기에 용맹을 더하면 탁월함에 이르게 된다. 그리고 그 명예를 누구보다 드높인 사람을, 그들은 '영웅'이라 부른다.

심지어 호메로스는 『일리아스』에서 놀라운 형태의 우정을 들려주기도 한다. 그리스의 장군 디오메데스Diomedes가 적군인 트로이의 글라우코스Glaucos와 전장에서 마주치는 순간, 디오메데스는 과거 자신의 할아버지가 글라우코스의 영지에서 손님으로 대접받았었다는 사실을 기억해낸다. 그는 할아버지들의 우정에 보답하기 위해 이런 식의 제안을 한다. 그 내용을 요약하면 다음과 같다.

> 그래서 우리는 서로 창끝을 겨누지 말아야 합니다. 신께서 허락한다면, 나는 다른 많은 트로이인을 죽일 기회가 있을 것이고, 당신도 다른 많은 그리스인을 죽일 기회가 있을 것입니다. 우리 각자 서로의 용맹을 다른 곳에서 뽐냅시다.

이 두 전사는 전쟁터에서 용맹을 잃지 않으면서도 우정을 지켜내는 탁월함의 기준을 따른 것이다. 물론 이런 탁월함이 남자에게만 적용되는 것은 아니다. 『오디세이아』에서 오디세우스의 아내인 페넬로페는 정절과 도덕을 지혜롭게 지켜내 여인의 탁월함을 드러냈다. 오랫동안 오디세우스가 나라를 비우는 사이 수많은 구혼자들의 청혼을 뿌리치고, 자신의 신분과 남편의 영지를 지킴으로써 여인의 탁월함을 실천했기 때문이다.

ⓒ 『문명의 배꼽, 그리스』, 박경철 지음, 리더스북, 2013

작가 소개

박경철

의사이자 칼럼니스트. '시골의사'라는 필명을 가지고 있으며, 주식투자 전문가, 방송인으로도 활동하고 있다. 대학 시절 니코스 카잔차키스의 책 『예수 십자가에 다시 못박히다』에 충격을 받아 카잔차키스가 영웅으로 삼았던 니체, 단테, 베르그송을 탐독하며 인문학에 대한 관심을 넓혀 갔다.

느낌들

사람의 인연이 그러하듯, 우정도 우연히 찾아온다. 같은 반 짝꿍, 이사 간 동네의 옆집 아이, 신입생 오리엔테이션 버스 옆 좌석에 우연히 앉았던 친구와 평생 함께하기도 한다. 저자가 니코스 카잔차키스의 흔적을 찾기 위해 방문한 크레타에서 우연히 만난 택시기사는 동양의 중년 아저씨인 그에게 스스럼없이 호의를 베푼다. "나는 아무것도 바라는 것이 없다, 나는 아무것도 두려운 것이 없다, 나는 자유다"라는 카잔차키스의 묘비명과 어울리는 두 사람의 만남은 짧지만 긴 여운을 남긴다. 카잔차키스라는 공통의 영웅을 가진 두 사람은 내가 사랑하는 것을 같이 사랑하고 모든 선의를 베푸는 '친구'였다.

박지원과 홍대용의 외국인 사귀기

강명관

나는 박지원의 「허생전」을 읽을 때 허생이 이완李浣, 1602~1674을 꾸짖는 장면이 가장 통쾌하였다. 작품의 끝에서 허생이 칼을 빼어 이완을 찌르려 하자, 이완은 창을 넘어 달아난다. 알다시피 이완은 효종의 명으로 청에 대한 복수를 기획한 장수가 아닌가. 일개 포의가 왕의 신임을 받는 장수를 꾸짖다니 어찌 통쾌한 장면이 아니겠는가.

 이완에게 허생은 먼저 숨어 있는 인재를 소개할 터이니, 만나 볼 수 있느냐고 묻는다. 이완이 어렵다고 하자, 허생은 병자호란 이후 우리나라에 온 명나라 장수들이 어렵게 살고 있으니, 조정에서 종실의 딸을 내어 결혼시키고, 김류金瑬, 1571~1648와 장유張維, 1587~1638 등 세력가의 집을 징발해 그들에게 살림을 차려줄 수 있느냐고 묻는다. 당연히 불가능한 일이다.

허생은 마지막 계책을 말한다. "대저 대의大義를 천하에 외치고자 하면서 천하의 호걸들과 먼저 결교結交하지 않은 경우는 없었고, 남의 나라를 치고자 하면서 간첩을 쓰지 않고 성공한 적은 없었다." 중국의 호걸들과 사귀는 것이 복수를 위한 첫걸음이란다. 허생의 논리는 이렇다. 청은 아직 중국 사람들과 친하지도 않고 믿지도 못한다. 그런데 조선은 먼저 청에 항복하였으니, 조선을 믿는 편이다. 먼저 조선에서 중국에 사람을 보내되, 지식인들은 과거에 응시하도록 하고, 장사꾼들은 중국을 돌아다니며 상업에 종사하게 하면서 정보를 수집하라. 그러면서 중국 천하의 호걸들과 사귀어, 기회를 엿보아 군사를 일으키면 반드시 성공하리니, 그러면 중국의 스승 노릇을 하게 될 것이 아닌가. 익히 아는 이야기다. 이완의 대답 역시 아는 바이지만, 다시 한 번 들어보자. "우리나라 사대부들이 모두 삼가 예법禮法을 지키고 있으니, 누가 기꺼이 머리를 변발하고 오랑캐 옷을 입겠습니까?" 이 대답에 허생이 이완을 칼로 찔러버린다 했던 것이다.

궁금한 것은 중국의 호걸과 사귀어야 한다는 연암燕巖의 국제적 감각이다. 이것의 유래처는 어딘가?

연암은 홍대용洪大容, 1731~1783의 친구다. 홍대용이 1765년 북경에 들어간 것은 참으로 문제적 사건이다. 알다시피 홍대용은 북경에서 엄성嚴誠과 반정균潘庭均을 사귄다. 생각해 보라. 조선이 건국되고 난 뒤 중국 민간인과 친구가 된 사람이 있었던가. 홍대용과 엄성, 반정균은 국적이 달랐지만 흉금을 털어놓는 지기知己가 되었다. 엄성은 홍대용을 만나고 학문에 전념하기 위해 과거를 포기하고 고향으로 돌아갔고, 몇 해 뒤 복건성福建省에서 객사한다. 그는 죽음을 앞두고 홍대용이 선물했던 조선의 먹과 향을 가슴에 품고 세상을 떠났다. 반정균은 홍대용에게 엄성의 사망 소식을 알렸고, 홍대용은 제문을 지어 보낸다. 제문은 엄성이 죽은 지 꼭 2년이 되는 날 도착한다. 홍대용과 엄성은 국경을 초월한 우정을 나누었던 것이다.

홍대용이 만들었던 중국 지식인과의 교류는 조선 후기 지식사智識史에서 중요한 계기가 되었다. 조선의 지식인은 홍대용이 연 길을 따라 다른 중국인과 사귈 수 있었고, 또 중국인과 만나는 것에 자신감을 얻었다. 나의 상상일 뿐이지만, 연암이 이완에게 중국의 호걸들과 결교하라고 한 것은, 홍대용으로부터 시작된 중국 지식인들과의 교류에서 아이디어를 얻은 게 아닐까.

한 해 동안 외국에 나가는 사람이 수백만 명도 넘는다. 사업을 하러 가든, 고적과 명승지를 찾아가든, 휴양지에서 골프를 치러 가든 모두 자기 취향대로 할 것이다. 지금 이 시대에 허생처럼 그렇게 거창하고, 엄숙한 목적을 가지라고 개개인에게 어찌 요구하겠는가? 한데, 국내에서 충족 불가능한 저급한 욕망을 충족시키기 위해 외국에 가는 사람이 적지 않다고 한다. 그런가 하면 근자에는 우리보다 어렵게 사는 외국 사람을 업신여기며 얼토당토않은 설교를 늘어놓다 변을 당하는 경우까지 목도하고 보니 마음이 영 개운치가 않다.

어떤 개인도 홀로 살 수 없으며, 어떤 국가도 홀로 존재할 수 없다. 타인, 타국과의 교류를 통해 나와 나의 나라가 존재한다. 내가 귀중하면 남도 귀중한 법이다. 홍대용이 엄성과 마음을 나누는 벗이 되었듯, 박지원이 천하의 호걸과 사귀기를 권했듯, 평등한 마음으로 다른 나라 사람을 사귀어야 할 것이 아닌가. 다른 뜻이 있어서가 아니다. 그것이 인간이 인간일 수 있는 도리이기 때문이다.

ⓒ 『시비를 던지다』, 강명관 지음, 한겨레출판, 2009

작가 소개

강명관

한문학자이자 작가. 『조선의 뒷골목 풍경』 『조선에 온 서양 물건들』 『왕의 기록, 나라의 일기 조선왕조실록』 등 조선시대 서민들의 삶과 문화, 당시의 문제의식 등을 현대적으로 재해석하는 교양서를 두루 펴냈다.

느낌들

홍대용은 중국인 친구 엄성이 죽었다는 소식을 전해 듣고 제문을 쓴다. 죽은 친구에게 제문이 도착하기까지 2년이 걸렸다. 그로부터 2백 년 후, 1945년 영국의 SF 소설가 아서 클라크는 인공위성으로 전 세계가 통신할 수 있는 시대를 예언하며 '지구촌 global village'이라는 말을 처음 사용했다. 그리고 아서 클라크의 예언은 현실이 되었다. 온 지구가 네트워크로 연결된 21세기, 다양한 통신수단과 SNS로 시간과 공간을 뛰어넘어 친구를 사귈 수 있고 언제든 만날 수도 있다. 하지만 우정의 깊이와 넓이도 그만큼 글로벌해졌을까.

우정은 명사가 아니라 영원히 움직이는 동사

정여울

너 자신을 속이고 사랑받느니,

너 자신을 드러내고 미움받는 게 낫다.

- 앙드레 지드

　내가 세상에서 가장 나쁜 짓을 한 다음 경찰에 쫓긴다면 누가 나를 숨겨줄까? 어릴 때 '베프의 요건'을 생각하며 가장 많이 시도했던 극단적인 상상이다. 내가 누군가에게 쫓기고 있을 때, 어떤 영문이나 곡절도 묻거나 따지지 않고, 나를 무작정 숨겨주는 사람. 나는 그런 사람이 진짜 베프라고 생각했다.

하지만 살다 보니 그런 극단적인 가정보다 더 중요한 것은 친구가 나를 대하는 일상적인 태도였다. 특히 나의 장단점을 향한 친구의 즉각적인 반응은 관계의 지속성을 결정하는 바로미터가 되곤 했다. 처음엔 당연히 나에게 칭찬을 해주는 친구들에게 마음이 끌리곤 했다. 누구나 칭찬은 듣기 좋고 비난은 듣기 싫다. 하지만 상대방의 눈치를 살피며 칭찬만 하다 보면, 결국 진심이란 눈 녹듯 사라져가고 관계는 딱딱하게 응고되어 버린다. 칭찬은 상대방이 알아차리지 못하게 스리슬쩍. 비판은 지성과 감성의 최대치를 담아 눈부시게. 나는 그것이 친구를 향한 최고의 예우라고 생각한다.

K는 사실 나에 대한 칭찬에 가장 인색한 친구다. 타인이 자신을 어떻게 보든 말든 오직 자신이 바라보는 자신에게만 흠뻑 빠져 있는 K. 나는 그런 K의 세련된 무관심이 좋았다. 표현은 잘 못하지만 오지랖이 태평양인 나는, 타인을 향한 내 마음의 일렁임을 다스리지 못해 좌충우돌하기 일쑤였다. 하지만 나와는 정반대의 유전자만 골라 정교하게 짜 맞춘 듯한 K의 성격은 매번 '나'라는 사람의 인격을 시험하는 리트머스 시험지가 되어주었다. K의 칭찬은 예측 불가능한 순간에 불현듯 찾아와 미처 알아차릴 수가 없었다. 집에 가서 곰곰이 생각해 보면 그게 바로 나를 향한 눈물겨운

칭찬이었다.

  반면 나를 향한 K의 비판은 너무도 정교하고 심오해서 때로는 그 비판의 내용보다 그 비판의 논리에 홀딱 반할 정도였다. 하지만 잘 생각해 보면 그건 뼈아픈 비판이었다. 그런데 그 비판의 수사학이 워낙 아름다워, 나는 그때마다 K의 현란한 말솜씨에 혀를 내둘렀다. 그렇게 그 비판의 정교함을 섬세하게 곱씹다 보면, 어느새 나는 나의 치명적인 단점들을 스스로 반추해 볼 수 있었다. 내가 나의 장점 탓에 우쭐하지 않도록 무심하게 칭찬해주고, 내가 나의 결점 탓에 질식사하지 않도록 열과 성의를 다해 비판해주는 것. 그것이 나를 향한 K의 진심 어린 우정임을 깨달은 것은, 사실 서른이 훌쩍 넘은 후였다. K의 칭찬을 수없이 곡해하고, K의 비판에 수없이 상처받은 후이기도 했다.

  예컨대 나를 향한 K의 기념비적인 비판은 이런 문장으로 기억된다. 내 마음속에 아로새겨진 말은 이런 것이었다.

  "너랑 내가 안 친했을 때 말이지. 우리가 20대 초반이었지, 아마. 내가 기억하는 네 모습은 항상 주먹을 꽉 쥐고 있는 것 같은 모습이었어. 실제로 주먹을 쥐고 있지 않았지만, 마음속으로 항상 주먹을 꽉 쥐고 있는 것 같은 표정이었지. 사실 난 그런 스타일 딱 싫어하는데, 너는 이상하게 마음에 들어오더라고. 그땐

저 녀석이 저 작은 주먹으로 뭐라도 던질 것 같았어. 세상을 향해서 제대로 한 방 날릴 것 같은 주먹이었거든. 전혀 아무것도 던지지 않고 있는데도, 있는 힘을 다해 뭔가 던지는 것 같더라고. 그런데 요샌 말이야. 네가 세상을 향해 돌을 던지는 빈도는 그때보다 훨씬 많아졌는데, 그 돌이 별로 힘세 보이지도 않고, 정확한 방향인 것 같지도 않아. 왜 그렇지?"

나는 생각지도 못한 순간에 허를 찔려 그 자리에서 픽 쓰러질 것만 같았다. 사실 난 그때 심각한 일 중독과 매너리즘에 빠져 있었다. 돈을 벌기 위해 하기 싫은 아르바이트도 엄청나게 많이 하고 있었고, 늘 피곤에 절어 진정 내가 무얼 하고 있는지도 모를 때가 많았다. 하지만 '그래도 난 열심히 살 테야'라는 대책 없는 방향성을 자부하며 하루하루 버티고 있는 중이었다. 가장 친한 벗을 향해 뭔가 내 입장을 거창하게 변명하고 싶은데, 아무런 멋진 말도 떠오르지 않았다. 수치심과 모멸감에 눈물이 삐져나올 것 같았지만 간신히 참았던 기억만 남아 있다. 솔직히 그 순간엔 K가 끔찍이도 미웠다. 쳇, 제까짓 게 뭔데 나를 판단한담!

   진정 하고 싶은 일을 하기 위해 결코 하기 싫은 일들도 꾹 참고 견뎌야 한다고 생각했던 그때는, 그 수많은 하기 싫은 일들을 해치우느라 나다움이 얼마나 속수무책으로 닳아 없어지고 있는지도 몰랐다. 그런데 시간이 지날수록 그 문장들이 마음속에서 새록새록 아픔을 더해가면서, 비수 같은 날카로움이 모지라지고 환하고 따스한 울림으로 변해 갔다. 그건 단순한 비난이 아니라 나를 진정 아끼는 사람만이 할 수 있는 충고임을 깨닫게 되었다.

그때부터 나는 '내가 뭘 할 수 있는가'보다는 '내가 뭘 하고 싶은가'를 진심으로 고민하게 되었다. 외부 상황 때문에 어쩔 수 없이 해야 하는 일보다는 오랜 시간이 흘러도 후회하지 않을 일이 무엇인가를 생각하게 되었다. 일에 대한 욕심이 많았던 나는 한때 일 중독이야말로 진정한 꿈을 향한 우회로라고 믿었지만, 돌이켜 보면 '일 욕심'과 '꿈'은 전혀 상관이 없었다. 오히려 꿈을 위해서는 일을 접어야 할 필요가 있었다. 진짜 나와의 투명한 대면을 위해서는, 외부를 향한 시끌벅적한 스피커를 끄고 내 안에서 울리는 내 마음의 복화술을 들어야 했다.

한참 지나 생각해 보니, 친구의 그 충격적인 비난의 메시지는 더없는 칭찬이기도 했다. 내 안에는 누구도 빼앗아갈 수 없는 내면의 황금이 있다는 것. 굳이 세상을 향해 눈에 보이는 짱돌을 던지지 않아도, 나라는 존재 자체가 이미 있는 그대로 충분히 씩씩하고 단단한 돌멩이였음을, 그 친구는 알아봐주었던 것이다.

오히려 20대 초반에는 아무것도 가진 게 없었기 때문에 '보여

줄 돌'도 없었다. 글 쓰는 사람으로 조금씩 자리를 잡기 시작했던 서른 즈음의 그때가 오히려 다른 사람에게는 '괜찮은 돌'이었을 것이다. 하지만 K는 얼핏 보면 '괜찮아 보이는 돌' 속에 숨은 심각한 병증을 꿰뚫어 보고, 내가 더 망가지기 전에, 내가 더 타락하기 전에, 시들어가는 내 영혼의 등짝에 상큼한 죽비竹篦를 날려주었던 것이다.

내가 누군가에게 쫓기고 있을 때 우리의 새침데기 K가 과연 나를 숨겨줄지는 정녕 알 수 없다. 지금까지의 데이터를 종합해 보자면, K는 그 와중에도 온갖 질문을 퍼부으며 궁지에 빠진 나를 결국 안 숨겨줄 가능성도 매우 높다. 하지만 난 그런 K가 좋다. 내가 진정 나쁜 짓을 했다면 아무리 친구라도 숨겨주어서는 안 되고, 내가 불가피하게 궁지에 빠졌다면 자신이 아무리 힘들어도 숨겨주겠지. K는 어떤 순간에도 공정할 것이다. 묻지도 않고 따지지도 않는 맹목적인 편들기, 그건 우정이 아니니까.

벗이 한밤중에 이상한 길로 빠지기 일보 직전에, 벗 앞에 '짠!' 하고 나타나 헤드라이트를 밝혀주는 센스. 벗을 더 오래 제대로 사랑하기 위해 서로를 향한 '미적 거리'를 둘 줄 아는 여유와 예의. 진정한 벗이 되기 위한 마음의 레시피는 수도 없이 많을 것이다.

하지만 그 수많은 우정의 매뉴얼 중에 굳이 하나를 꼽자면, 나는 이걸 뽑고 싶다. '나'를 '내 편'이 아닌 관점에서 바라보는 참신한 시점. 나를 1인칭 주인공 시점이 아닌 3인칭 관찰자 시점으로 바라볼 수 있는 용기를 지닌 사람. 그런 사람과의 우정이라면, 평생을 함께해도 매너리즘에 빠지지 않을 수 있을 것 같다. 사랑처럼, 여행처럼, 문학처럼. 우정은 얌전히 고여 있는 '명사'가 아니라 영원히 움직이는 '동사'니까.

ⓒ 『그때 알았더라면 좋았을 것들』, 정여울 지음, 아르테, 2013

작가 소개

정여울

문학평론가이자 작가. 『시네필 다이어리』, 『정여울의 문학멘토링』 등을 통해 문학과 인문학, 예술을 쉽고 친절하게 들려주었다. 첫 산문집 『그때 알았더라면 좋았을 것들』에서 20대 청춘이라면 한 번쯤 고민해 볼 인생의 메시지에 대해 이야기한다.

느낌들

흔히 남자들의 우정을 '의리'라는 말로 정의한다. 그것이 잘못 발현되면 "우리가 남이가!" 하는 패거리 문화를 만들어 공사公私 구분 없이 학연, 혈연, 지연을 따지게 한다. 여자들의 우정은 '무한 지지와 칭찬'으로 대변되곤 한다. "어머 너 요즘 살 빠졌다!" "예뻐졌어" "네 상사가 이상한 사람인데?" 등의 무조건적인 칭찬과 달콤한 립 서비스가 우정을 지켜줄 거라 믿는다. 그러나 우정은 억지로 만들어지는 것이 아니다. 이익을 계산하며 감정을 조절하는 것도 아니다. 우리는 때로 친구를 '칭찬'하고 '비판'하는 방법과 태도에서 우정의 깊이를 가늠할 수 있다. 상대를 위한 진심을 담은 애정 어린 비판과 충고, 용기와 힘을 불어넣는 은근한 칭찬이 서로에 대한 깊은 우정과 신뢰를 표현해주기도 한다.

신영복

  1966년 이른 봄철 서울대학교 문학회의 초대를 받고 회원 20여 명과 함께 서오릉으로 한나절의 답청踏青놀이에 섞이게 되었다.
  불광동 시내버스 종점에서 서오릉까지는 걸어서 약 한 시간 길이다. 우리는 이 길을 삼삼오오 이야기를 나누며 걸었다. 나도 4, 5인으로 한 덩어리가 되어 학생들의 질문에 가볍게 대꾸하며 교외의 조춘早春에 전신을 풀어헤치고 민들레처럼 가벼운 마음으로 걷고 있었는데, 우리 일행과 앞서거니 뒤서거니 하며 같은 방향으로 걸어가고 있는 여섯 명의 꼬마 한 덩어리를 뒤늦게서야 깨닫게 되었다.

만일 이 꼬마들이 똑같은 교복이나 제복 같은 것을 입고 있었거나 조금이라도 더 똑똑한 옷차림을 하고 있었더라면 나는 좀더 일찍 이 동행인(?)들을 알아차렸을 것이다. 여남은 살의 이 아이들은 한마디로 주변의 시골 풍경과 소달구지의 바퀴자욱이 두 줄로 패여 있는 그 황토길에 흡사하게 어울리는 차림들이었다.

모표도 달리지 않은 중학교 학생모를 쓴 녀석이 하나, 흰 운동모자를 쓴 녀석이 또 한 명 있었던 것으로 기억된다. 운동모자는 여러 번 빨래한 것으로 앞챙 속의 종이가 몇 군데로 밀리어 챙의 모양이 원형과 사뭇 달라졌을 뿐 아니라 이마 위로 힘없이 처져 있었다. 그나마 흙때가 묻어서 새하얗게 눈에 뜨이지도 않는 것이었다.

그중에서 가장 나의 시선을 붙잡은 것은 털실로 짠 스웨터였다. 낡은 털실 옷의 성한 부분을 실로 풀어서 그 실로 다시 짠 것이었다. 색깔도 무질서할 뿐 아니라 몸통의 색깔과 양팔의 색깔이 같지 않고 양팔 부분도 팔꿈치 아래는 다시 달아낸 것 같았다. 털스웨터의 녀석은 그래도 머리에 무슨 모자 비슷한 것을 뒤집어쓰기까지 했다.

나는 이 똑똑지 못한 옷차림의 꼬마들로부터 안쓰런 춘궁(春窮)의 느낌을 받았던 것으로 기억된다. 자주 우리들은 힐끔힐끔 뒤돌아보는 양이 자기들끼리는 몰두할 만한 이야기도 별로 없는 듯하였다.

처음에는 서오릉 근처의 시골 아이들이 제 집으로 돌아가거니 하고 아무렇지도 않게 여겼다. 그러나 시간이 오전 아홉 시. 제가끔 집들에 있을 시간이라는 생각이 뒤늦게 들었다. 그리고 그중의 한 녀석이 들고 있는 보자기 속에 냄비 손잡이가 보였다. 이 여섯 명의 꼬마들도 분명히 우리 일행처럼 서오릉으로 봄소풍을 가고 있는 것이다.

나는 이 꼬마들의 무리에 끼어 오늘 하루를 지내고 싶은 생각이 들었다. 나는 내가 속해 있던 문학회원들의 무리에서 이 꼬마들의 곁으로 걸음을 빨리 하였다.

나는 어린이들의 세계에 들어가는 방법을 누구보다도 잘 안다. 중요한 것은 '첫 대화'를 무사히 마치는 일이다. 대화를 주고받았다는 사실은 서로의 거리를 때에 따라서는 몇 년씩이나 당겨주는 것이다. 그러므로 내가 꼬마들에게 던지는 첫마디는 반드시 대답을 구하는, 그리고 대답이 가능한 것이어야 한다. 만일 "얘, 너 이름이 뭐냐?"라는 첫마디를 던진다면 그들로서는 우선 대답해줄 필요를 느끼지 않을 뿐만 아니라 오히려 놀림의 대상이 되었다는 불쾌감으로 일정한 간격을 유지하고 뱅글뱅글 돌아가기만 할 뿐 결코 대화가 이루어지지 않는다. 그러므로 나는 반드시 대답을 필요로 하는 질문을, 그리고 어린이들이 가장 예민하게 알아차리는 놀림의 느낌이 전혀 없는 질문을 궁리하여 말을 걸어야 하는 것이다.

이미 그들은 내가 그들 쪽으로 옮겨오고 있음을 알고 제법 긴장들을 하고 있었다. 그것은 그들의 걸음걸이가 조금 빨라지고 자주 나를 돌아다보는 것으로 충분히 알 수 있었다. 그래서 나는 그들의 예상을 뒤엎고 그들을 앞질러버릴 때까지 말을 건네지 않고 걸어갈 수밖에 없었다.

저쪽 산기슭의 양지에는 벌써 진달래가 피어 있었다. 나는 문득 생각난 듯이 꼬마들 쪽으로 돌아서며 "이 길이 서오릉 가는 길이 틀림없지?" 하고 그 첫마디를 던졌다. 이 물음은 그들에게는 전혀 부담이 없는 질문이다. '예' 또는 '아니오'로써 충분한 것이며, 또 그들로 하여금 자선의 기회와 긍지도 아울러 제공해주는 질문이었다.

그들의 대답은 훨씬 친절한 것으로 나타났다. "네, 맞아요!"가 아니라 "네, 일루 곧장 가면 서오릉이에요"였다. 뿐이랴. "우리도 서오릉엘 가는 길이어요!" 반응은 예상보다 훨씬 좋은 것이었다.

허술한 재건복 차림을 한 나에게 그처럼 친절한 반응을 보여준 것은 아마 조금 전까지 나와 함께 이야기 나누며 걷던 문학회 회원들의 말쑥하고 반반한 생김생김의 덕분이었으리라고 느껴졌.

여하튼 서로 이야기를 주고받았다는 사실, 이 사실은 그다음의 대화를 용이하게 해주기 마련이다. 그러나 우리의 대화가 그다음 대목에서 뜻밖에 경화硬貨되어버릴 위험은 여전히 도사리고 있었

다. 그래서,

"버스 종점에서 반쯤 온 셈인가?"

"아니요, 반두 채 못 왔어요."

"너희들은 서오릉 근처에 살고 있는 모양이구나."

"아니오. 문화동에 살아요."

"그럼 지금 문화동에서 여기까지 오는 길이냐?"

"네."

"집으로 돌아가는 길을 잃어버리믄 어쩔려구."

"호호, 문제없어요."

이렇게 하여 일단 대화의 입구를 열어놓았다. 이제 더 깊숙이 이 꼬마들의 세계 속으로 발을 들여놓아야 한다. 신영균과 독고성, 장영철과 김일의 프로레슬링, 손기정 선수 등의 이야기, 세종대왕, 을지문덕, 이순신 장군에 관하여 때로는 쉽게, 때로는 제법 어렵게 질문하면서 또 그들의 이야기를 성의 있게 들어주면서 걷는 동안 우리는 상당히 친숙해질 수 있었다.

그들은 문화동 산기슭의 한 동네에 살고 있다는 것, 오래전부터 자기들끼리 놀러 가기로 약속해왔다는 것, 그래서 벼르고 별러서 각자 왕복 버스 회수권 2장과 일금 10원씩을 준비하고 점심밥 해먹을 쌀과 찬(단무지뿐이었음)을 여기 보자기에 싸가지고 간다는 것, 자기들 여섯 명은 무척 친한 사이라는 것을 알게 되었다.

너희들 여섯 명의 꼬마단체에다 이름을 지어 붙이는 것이 좋지 않겠느냐고 제안하였더니, 이미 자기들도 그러한 이름 같은 것을 구상해두고 있는데 아직 결정을 내리지 못하였다는 것이다. 구상 중인 이름으로는 '독수리'와 '맹호부대'의 둘이 있다는 대답이다. 아이들은 독수리나 맹호부대보다 훨씬 그럴듯한 이름 하나를 지어주겠는가를 나한테 물어왔다. 나는 쾌히 이를 수락하였다.

  나와 이 가칭 독수리 용사들과의 첫 대화는 대체로 성공적이었다고 할 수 있었다. 우리는 어느덧 서오릉에 닿았고 이제 이 꼬마들과 헤어져서 나는 학생들 틈으로 돌아왔다. 물론 이따가 한 번 더 만나기로 약속해 두었다.

  문학회원들과 함께 우리 일행은 널찍한 잔디밭에 자리를 잡고 둘러앉아서 점심을 먹으며 놀고 있었다. 학생 중의 한 명이 잔디밭이 씨름판에 안성맞춤이니 누구 한번 씨름내기를 해보자고 서두를 꺼내자 엉뚱하게도 내가 그 씨름의 상대로 지목되었다. 평소에 나한테 한 번씩은 구박을 받은 녀석들이기 때문에 그들이 일제히 나를 지목하여 골려보려는 저의는 잔디밭의 봄소풍에 썩 잘 어울리는 놀이이기도 하였다. 아마 나를 자꾸 귀찮게 끌어내리는 녀석이 권만식이었다고 기억하는데, 나는 그때 저쪽 능 옆에서 우리를, 특히 나를 지켜보고 있는 예의 그 여섯 꼬마들의 얼굴을 발견하였다. 이 꼬마들도 나의 곤경을 주시하고 있는 듯한 얼굴이었다.

나는 드디어 권 군과의 씨름을 수락하고 만장의 환호(?)를 받으며 잔디밭 한가운데서 서로의 바지춤을 맞붙잡았다. 권 군은 몸집만 컸을 뿐 씨름에는 문외한임을 당장 알 수 있었다. 나는 내리 두 번을 아주 보기 좋게 이겼다. 내가 권 군을, 그것도 두 번을 거푸, 보기 좋은 들배지기로 이기는 광경은 천만 뜻밖의 일이 아닐 수 없었다. 그것뿐이랴, 뒤이어 상대하겠다는 녀석도 보기 좋게 안다리로 넘겨버렸다.

나의 응원단은, 저쪽 능 옆에서 상당히 걱정하였을지도 모르는, 그 꼬마 응원단은 분명히 쾌재를 불렀을 것이다. 꼬마들은 물론이고 문학회 학생들도 나의 숨은 씨름 솜씨를 알 턱이 없다. 연구실에서 그저 밤낮 책이나 들고 앉아 있는 선배로 알려졌을 뿐이니 놀라운 발견이 아닐 수 없었다.

나는 이제 나의 응원단석(?)으로 개선하고 싶은 생각밖에 없다. 그래서 꼬마들이 보지 않게 과일과 과자 등속을 싸가지고 일어섰다. 흡사 전리품 실은 개선장군처럼 나는 우리 꼬마들의 부끄러운 영접을 받았다. 나를 자기들 편 사람으로 간주해주는 그들의 푸짐한 칭찬. 그것은 무척 어색하고 서투른 표현에도 불구하고 가식 없는 진정이었다.

나는 우선 씨름 가르치는 것에서부터 꼬마들과 어울리기 시작하여 둘씩 둘씩 씨름을 시키고 있는데, 저쪽에서 문학회 학생 한 사람이 카메라를 들고 달려왔다. 기념촬영을 해주겠단다.

　우리는 능 앞의 염소같이 생긴 석물(石物) 곁에 섰다. 꼬마 여섯 명을 그 돌염소 등에 나란히 올라앉게 하고 나는 염소의 머리 쪽에 장군(?)처럼 서서 사진을 찍었다. 그리고 능 뒤쪽의 잔디밭에서 노래도 부르고 내가 싸가지고 간 과자와 사과를 나누어 먹으며 한참 동안 놀고 난 후에 나는 꼬마들과 헤어졌다.

　얼마나 지났을까. 내가 문학회 학생들과 둘러앉아 이야기에 열중하고 있는데 약 30미터쯤 떨어진 저쪽 소나무 옆에 꼬마들이 서 있음을 알려주었다. 벌써 집으로 돌아갈 차림이다. 아마 나와 작별 인사를 나누기 위하여 기회를 노리고 있는 참인가 보았다. 내가 그들에게 뛰어가자 그들은 이제 돌아가는 길이라고, 그래서 사진이 나오면 한 장 보내달라고 부탁하였다.

　나는 그들 중 중학생 모자를 쓴 조대식 군의 주소를 나의 수첩에 적고, 나의 주소(숙명여대 교수실)를 적어주었다. 그리고 그때 그들로부터 한 묶음의 진달래꽃을 선물(?)받았다. 지금도 나의 기억 속에서 가장 밝은 진달래 꽃빛은 항상 이때에 받았던 진달래 꽃빛이라고 생각하고 있다. 그들은 국민학생답게 일제히 머리를 숙여 인사를 하고(물론 모자도 벗고) 헤어졌다.

　가칭 '독수리 부대'이며, 옷차림이 똑똑지 못한 이 가난한 꼬마들과의 가느다란 인연은 이렇게 봄철의 잔디밭에서 맑은 진달래

향기 속에 이루어졌다. 이 짧은 한나절의 사귐을 나는 나대로의 자그마한 성실을 가지고 이룩한 것이었다. 나와 동행하였던 문학회 학생들은 아마 그날의 내 행위를 한낱 '장난'으로 가볍게 보았을 것이 사실이며 또 나의 그러한 일련의 행위 속에 어느 정도의 장난기가 섞여 있었던 것이, 싫기는 하지만 사실일지도 모른다.

그러나 마지막으로 나와 헤어질 때의 일…. 진달래 한 묶음을 수줍은 듯 머뭇거리면서 건네주던 그 작은 손 그리고 일제히 머리 숙여 인사하는 그 작은 어깨와 머리 앞에서 나는 어쩔 수 없이 '선생님'이 아닐 수 없었으며, 선생으로서의 '진실'을 외면할 수는 도저히 없었던 것이다.

이처럼 그날의 내 행위가 결코 '장난'이 아니었음에도 또 상당히 무구(無垢)한 감명을 받고 헤어졌음에도 불구하고, 나는 곧 그들을 잊고 말았다. 그들을 까맣게 잊고 말았다는 사실. 그것이 그날의 내 모든 행위가 실상은 한갓 '장난'에 불과했었다는 것을 반증하는 것일 수도 있다.

서오릉 봄 소풍날로부터 약 15일이 지난 어느 날, 숙명여대 교수실에서 강의 시작 시간을 기다리고 앉아 있는 나에게 정외과의 조교가 세 통의 편지를 가지고 왔다. 편지를 건네주면서 "참 재미있는 편지 같아요."라는 웃음 섞인 말을 던지더니 내가 편지를 개봉하면 어깨너머로라도 좀 보고자 하는 양으로 떠나지 않는다. 그

조교가 "참 재미있는 편지" 같다고 한 이유는 겉봉에 쓴 글씨가 무척 서툴러서 시골 초등학교의 어느 어린이로부터 온 듯할 뿐 아니라, 또 잉크로 점잖게 쓰려고 노력한 흔적이 역력하다는 점에 있었을 것이다.

조대식, 이덕원, 손용대 세 녀석이 보낸 편지였다. 이 녀석들이 바로 '독수리 부대' 용사들이라는 것은 겉봉에 적힌 '문화동 산 17번지'를 읽고 난 뒤에야 알 수 있었다.

"꼬마 친구들에게서 온 편지"라는 짤막한 말로써 그 편지를 전해준 조교의 질문과 호기심에 못을 박아버린 까닭은 내가 그 편지로 말미암아 무척 당황하였기 때문이었다.

이 편지는 분명히 일침針의 충격이며 신랄한 질책이 아닐 수 없었다. 나보다도 훨씬 더 성실하게 그날의 일들을 기억하고, 또 간직하고 있었구나 하는 나의 뉘우침. 그 뉘우침은 상당히 부끄러운 것이었다.

편지는 세 통이 모두 똑같은 내용을, 똑같은 잉크와 펜으로 쓴 것이었는데 아마 한 자리에서 서로 의논하여 손용대는 이덕원의 것을, 이덕원은 조대식의 것을, 조대식은 또 손용대의 것을 서로 넘겨다보며 쓴 것이 틀림없었다. 선생님을 사귀게 된 것을 기쁘게 생각한다는 것 그리고 건강하시기를 두 손 모아 빈다는 것 등이 적혀 있었다.

그 소풍 이후 약 보름가량을 나는 그들을 결과적으로 농락해오고 있었으며, 그날의 내 행위, 그것마저도 결국 어린이들에 대한 무심한 '장난질'이 되어버린 듯한 느낌이 왈칵 나의 가슴 한 모서리에 엉키어왔다.

나는 강의가 끝나는 대로 즉시 서울대학교로 달려갔다. 그때 카메라로 사진을 찍었던 학생(송승호 아니면 이해익으로 기억된다)을 찾았다. 필름이 광선에 노출되어 못쓰게 되어버렸단다. 사진이라도 가지면 나는 나의 무성의한 소행을 조금이나마 만회할 수 있으리라고 생각한 것이 사실이다. 이제는 솔직히 그들에게 사과하는 길밖에 없다.

엽서를 띄웠다.

"이번 토요일 오후 다섯 시, 장충체육관 앞에서 만나자."

토요일 오후 다섯 시. 장충체육관 앞의 넓은 광장에서 우리 일곱 명은 옛 친구처럼 반가이 만났다. 그러나 이미 한 시간 전부터 나와서 기다리고 있었다는 이 녀석들의 '정성' 앞에서 나는 또 한번 민망스럽고 초라할 수밖에 없었다. 한 시간이나 먼저 와 있었다는 사실이 무모한 시간의 낭비라고 생각되기는커녕 그들의 진솔함이 동상처럼 높이 올려다보이는 것이었다.

이때부터 우리는 매월 마지막 토요일 오후 6시에 장충체육관 앞에서 만나기로 약속하였다. 이 약속은 1968년 7월 내가 구속되기까지 매우 충실하게 이행된 셈이다.

다만 만나는 시간이 조금씩 일러지는 기현상(?)을 연출한 일이 한두 번이 아니었다. 약속시간이 오후 6시임에도 불구하고 이 녀석들은 꼭꼭 5시부터 나와서 기다리는 것이다. 그래서 나도 약 30분가량 일찍 나타나서 5시 30분에 만나게 되면 이제는 4시 30분부터 나와 있는 것이다. 그러면 다시 내 쪽에서 30분쯤 더 일찍 나오지 않을 수 없게 되어 결국 6시에 만나자는 약속은 에스컬레이션을 거쳐 어느덧 5시로 변해버리고 마는 것이다. 그제야 우리는 군축회담이나 하듯 다시 6시로 되돌아갈 것을 결의하고 6시로 되돌아가면 다시 동일한 에스컬레이션을 거쳐서 다시 5시에 만나게 되곤 하는 것이었다.

우리들이 만나서 하는 일이란, 무슨 할 일을 만드는 일 외에 아무것도 없었다. 그저 만나서 서로 그동안 있었던 일들을 이야기 나누는 그런 사소한 일에 불과하지만 그저 만난다는 사실 그것이 그냥 좋을 뿐이었다. 괜히 자기들끼리 시키지도 않은 달음박질 내기를 해 보이기도 하고, 광장 가장자리의 난간에서 서로 떨어뜨릴 내기를 하거나, 모자를 뺏어서 달아나기를 하는 것들이 고작이었다.

10원에 5개씩 주는 아이스케이크를 나누어 먹으며 우리는 난간 부근에서 약 한 시간가량을 보내고 약수동 고개를 넘어 문화동으로 올라가는 입구까지 걸어가서 내가 버스를 탐으로써 헤어지곤 하였다.

두 번째인가 세 번째 모임에서 우리는 상당히 건설적인 합의를 보았다. 문화동 입구의 작은 호떡집에서 '문화빵'(10원에 3개)을 앞에 놓고 매달 10원씩의 저금을 하자고 약속한 것이었다. 6명이 10원씩을 모으면 60원, 거기다 내가 40원을 더하여 매달 100원씩의 우편저금을 하기로 하였다. 수금과 예금 및 통장의 보관은 이규한 군이 책임지기로 하였다.

한 달에 100원씩이라 하더라도 1년이면 1,200원, 10년이면 12,000원이다. 우리는 그때 10년까지 계산해 보았다고 기억한다. 그날은 공책을 한 권 사서 그것을 우리의 회의록 겸 장부로 사용하기로 하였다. 특기해야 할 사실은 매월 저금하는 10원은 반드시 자기 손으로 번 것이어야 한다는 것을 결의하였다는 점이다.

한 달에 10원 벌이는 자신만만하단다. 물지게를 져다 주기, 연탄을 날라다 주기 등 산비탈 동네에 사는 어린이들이 끼어들 수 있는 노력봉사의 사례금이 우리의 수입원인 셈인데, 더러는 아버지나 어머니 또는 집안 식구들의 심부름값이 섞여 있는 것도 어쩔 수 없는 우리들의 고충이었다.

이렇게 하여 쌓인 우리의 저금은 내가 구속되던 1968년 7월까지 2,300원이 되리라고 기억된다. 내가 육사에서 군사훈련을 받던 1966년 6월과 7월 두 달 그리고 67년 2월 수도육군병원에 입원해 있던 한 달 그리고 그 외에 한두 번가량 적금되지 않았으며, 그 대신 언젠가 내가 받은 원고료 수입에서 그동안의 부족액 약 300원 정도를 불입한 적이 있었다. 그리고 조대식인가 이규승인가 자기의 무슨 수입 중에서 20원가량 초과 불입한 일도 있었다.

1966년 9월 우리 '청구회' 회원 중 2명이 교체되지 않을 수 없었다. 집이 이사를 간 것이다. 한 사람은 청량리로, 또 한 사람은 용산 어디인가로 이사를 갔다. 비록 이사는 하였지만 모임이 있는 날에는 장충체육관 앞에 나오겠다고 다짐을 두고 떠나갔는데 두 번 거푸 결석(?)을 하였다.

언젠가는 청량리로 이사간 이대형이 문화동으로 놀러와서 자기도 청량리에서 친구들을 모아 회를 만들어서 선생님의 참석을 부탁할 작정이라는 각오를 피력한 사실이 있다는 것을 듣기는 하였으나 그 후 영영 이대형 군의 소식은 끊어지고 말았다.

우리는 2명의 결원을 충원하기로 합의하였다. 그런데도 10월의 모임 때 여전히 충원되지 않고 4명만 모였다. "요사이는 좋은 아이가 참 드물다"는 것이 그들의 이유였다. 다음 달까지는 꼭 '좋은 아이'를 구하여 충원하기로 하였다. 그러나 그다음 달에도 역시 4명밖에 모이지 않았다. 그들은 좋은 아이 둘을 구하기는 구하였다는 것이다. 그러면 왜 오늘 참석하게끔 하지 않았느냐는 나의 물음에 비실비실 머리를 긁적이더니 오늘 나오기는 나왔다는 것이다. 나는 어디 있느냐고 물었다. 저기 저쪽 길 옆의 전봇대 뒤에 서 있는 아이가 바로 그 아이들이라는 것이다.

과연 길 저편의 전봇대 뒤에 꼬마 둘이 서 있었다. 우리들의 시선이 그들에게로 쏠리자 그 두 명의 꼬마는 무슨 잘못이라도 저지른 사람같이 전봇대 뒤로 몸을 숨기고 있는 것이 아닌가. 나는 그 두 명의 아이가 틀림없이 '좋은 아이'라고 생각했다. 전봇대 뒤에 숨어서 기다리고 있는 그들의 마음씨야말로 딱할 정도로 착한 것이 아닐 수 없다.

전봇대 뒤에 있는 두 명의 신입회원을 이리로 데려오기 위하여 4명의 꼬마가 모두 달려갔다. 내가 이 두 명의 꼬마와 악수를 하고 나자 그제야 이 두 명에 대한 칭찬과 자랑을 늘어놓기 시작하는 것이다.

나는 처음부터 신입회원의 자격을 심사하거나 가입을 거부할 수 있는 권한이 없는 입장에 놓여 있기 때문에 다만 새로 온 두 명의 꼬마 친구와 인사를 하는 것이 고작임에도 불구하고 이들의 표정은 그것이 무슨 커다란 관문의 통과나 되는 것으로 여기는 모양이었다.

그날 우리는 신입회원의 환영회를 벌이기 위하여 예의 그 호떡집으로 갔다. 나는 100원어치의 문화빵을 샀다. 신입회원 중의 한 명은 이규한의 동생 이규승이었고 또 한 명은 반장집 아들 김정호였다.

  우리는 열심히 모였다. 비가 오는 날이면 장충체육관의 처마 밑과 층층대 밑에서 만났으며 겨울철에도 거르는 일 없이 만났다. 회의 명칭도 꼬마들의 학교 이름을 따서 '청구회(靑丘會)'라고 정식으로 명명하였다.

  청구회가 가장 힘을 기울인 것은 역시 독서였다. 나는 매월 책한 권씩을 회의 도서로 기증하였으며 회원 각자도 책을 한 권씩 모았다. 그리하여 '청구문고'를 만들 작정이었다.

  『아아 무정』,『집 없는 천사』,『로빈 후드의 모험』,『거지왕자』,『플루타크 영웅전』,『소영웅』 등의 책을 읽었다. 청구회의 모임은 한 달에 네 번인 셈이다. 매주 토요일에는 자기들끼리 모여서 내가 추천한 책을 번갈아 가며 낭독하였기 때문이다. 그리고 매월 마지막 토요일에는 그들의 독후감을 이야기하게 하고 거기에 곁들여 비슷한 이야기를 내가 들려주기도 하였던 것이다. 그리고 가끔 호떡집으로 자리를 옮겨서 한 사람 한 사람의 걱정과 어려운 일을 서로 상의하기도 하였다.

  당면한 걱정은 역시 중학교 진학 문제였다. 그러나 그것은 중학교에 진학할 경제적 여유가 없기 때문에 생기는 걱정이라는 점에서 실은 진학문제라기보다는 사회진출 문제라고 해야 하는 것인지도 모른다. 우리들의 결론은 대체로 1, 2년 뒤에 야간중학에 입학하거나 또는 자격검정고시를 치르고 바로 고등학교(야간)에 진학하는 것이었다.

1968년 7월까지 중학교에 진학한 회원은 조대식 1명밖에 없었으며 또 이덕원 군이 자전거포에 취직이 되었을 뿐이었다. 이덕원 군이 자전거포에 취직함에 따라 우리의 모임도 마지막 토요일에서 첫 번째 일요일로 변경하지 않을 수 없었다. 첫째와 셋째 일요일이 이덕원 군의 휴일이기 때문이었다.

독서 이외에 청구회 회원들이 한 일들도 제법 다채로운 것이었다. 이를테면 우선 동네의 골목을 청소하는 일을 들 수 있다. 나는 그들이 한 달에 몇 번씩 자기 동네의 골목을 쓸었는지 정확히 알고 있지는 않다. 그러나 여름철과 겨울 방학 때는 매주 2, 3회씩이나 골목을 청소한 것으로 기억하고 있다.

그다음으로는, 겨울철에 얼음이 얼어서 미끄러운 비탈길을 고쳐 놓는 일이다. 땅에 박힌 얼음을 파내고 그곳을 층층대 모양으로 만드는 일을 하였다. 그리고 봄철이 가까워 땅이 녹아 질펀하게 미끄러워진 때에는 그런 곳에다 연탄재를 덮어서 미끄럽지 않도록 만드는 일도 하였다.

나는 물론 이러한 일들에 참여하였거나 그들의 업적을 직접 확인한 일은 한 번도 없다. 당시 나는 종암동 산 49번지에 살고 있었기 때문이었다.

그다음으로는, 내가 추천하지도 않은 일인데 그들은 여름철이면 새벽같이 일어나서는 남산 약수터까지 마라톤을 하였다. 66년 여름과 67년 여름 새벽을 줄곧 뛰었던 것이다.

내가 이 청구용사들을 잊을 수 없는 일이 하나 있는데 그것은 1967년 2월 내가 수도육군병원에서 담낭절제수술을 받고 입원하고 있을 때의 일이다. 그달의 모임에 참석할 수 없노라는 사연을 간단히 엽서로 띄우면서 혹시라도 병원으로 문병 오지 않도록, 곧 퇴원하게 될 테니까 절대로 찾아오지 말 것을 부탁하였다. 그래서 그 꼬마들은 내가 퇴원할 때까지 다행히 병원에 오지 않았다.

그러나 다음 달에 우리가 만났을 때 그들이 두 번이나 찾아왔다가 두 번 모두 위병소에서 거절당하였음을 알았다. 그것도 삶은 계란을 싸가지고 왔었단다. 더욱이 나이가 제일 어린 이규승이는 평소에 같이 걸어갈 때에도 내 팔에 매달리며 걸었는데 한 번은 저 혼자서 병원까지 왔다가 돌아갔다는 것이었다.

물론 삶은 계란은 자기들끼리 나누어 먹었겠지만 그들이 그렇게 벼르고 별렀던 서오릉 소풍 때도 계란을 싸가지고 갈 수 없었던 가난한 형편을 생각하면 결코 잊을 수 없는 일이었다. 그들은 문화동에서 멀리 병원까지 걸어서 왔다가 걸어서 돌아간 것이다.

내가 이들로부터 꼭 한 번 선물을 받은 적이 있다. 66년 크리스마스 때였다. 카드 한 장과 금관담배 한 갑이 그것이다. 아마 이 선물을 위하여 일인당 10원씩을 거두었던 모양이다. 왜 내가 그것을 짐작할 수 있었는가 하면 손용대와 이덕원의 표정에는 자기 몫을 내지 못한 침울한 심정이 너무나 역력하였기 때문이다. 나는 크리스마스 때 선물이나 카드를 주고받지 않기로 하였던 지난달의 결정을 상기시키고 다시는 이런 낭비(?)를 하지 않기로 의견을 모았다. 이러한 우리의 결심이 크리스마스를 기다리던 어린이들에게 어느 정도로나 수긍이 갔었는지 그리고 몫을 내지 못한 두 어린이의 침울한 심정이 과연 얼마나 위로되었는지 매우 쓸쓸한 기억밖에는 없다.

　나는 카드 대신 1월 1일경에 이들에게 배달되도록 날짜의 여유를 두어서 사관학교의 그림엽서 한 장씩을 우송하였다.

　1967년 6월 나는 수술 후 완전히 회복되었기 때문에 4월부터 미루어 온 봄 소풍을 가기로 약속하였다. 이미 6월이 되어 여름 소풍이 되어버린 셈이지만 우리는 이 소풍을 위하여 여러 차례 의논을 하였으며 오래전부터 마음을 설레어 온 터였다. 우리는 이번 소풍이 전번보다 더 풍성하고 유쾌한 것이 되도록 칭구회 외에 다른 그룹도 참가시키기로 결정하였다. 목적지를 이번에는 '백운대' 계곡으로 정하고 다른 그룹에 대한 교섭은 물론 내가 책임을 맡았다.

　처음에 나는 다른 꼬마들을 참가시킬까 생각하다가 곧 그런 생각을 취소하였다. 청구회 회원들이 주인인 된 소풍에 또 다른 꼬마들이 곁든다는 것은 그 손님이 된 꼬마들이 비록 세심한 배려를 받는다고 하더라도 어색하고 섭섭하지 않을 수 없기 때문이었다.

그래서 우선 내가 지도하고 있던 이화여자대학교의 세미나 서클 '청맥회'에서 청구회의 내력과 봄소풍 계획을 피력하여 열렬한(?) 동의를 얻는 데 성공하였다. 그러고 나서 나는 육군사관생도들을 참가시키기로 작정하였다. 육사 생도들의 화려한 제복과 반듯한 직각의 동작은 평소 우리 꼬마들의 선망의 대상이 되어왔기 때문이었다. 나는 당시 10주의 훈련을 거쳐 육군중위로 임관하여 육군사관학교 교수부에서 경제학을 강의하고 있었다.

66년 임관 직후 내가 예의 그 허술한 국민복 상의를 벗어버리고 정복 정모에 계급장을 번쩍이면서 장충체육관 앞에 나타났을 때 청구회 꼬마들이 큰 눈으로 신기해하고 자랑스러워하는 품이란 그대로 흐뭇한 한바탕 축하회였다.

그날 나와 꼬마들이 옆으로 늘어서서 이야기를 주거니 받거니 걸어가는데 저만큼에서 육군병사 한 명이 차렷 자세로 내게 경례하였다. 그 병사가 구태여 걸음을 멈추고 차렷 자세로 정식 경례를 한 마음씨가 짐작할 만하였다. 그 광경을 목격한 이 꼬마들의 뛸 듯이 기뻐하는 모습이라니. 나도 으쓱해지려는 치기를 어쩔 수 없었던 터였다. 이번 봄소풍에 육사 생도들을 참가시키자는 것은 오히려 꼬마들 쪽에서 먼저 얘기를 꺼낸 것이기도 하였다.

  나는 3학년 경제학원론 강의를 빨리 진행하여 일찍 마친 다음 생도들에게 청구회의 봄소풍 작전을 공개하여 그 참가를 희망하는 생도는 강의가 끝난 후 경제학과 교수실로 와서 신청하도록 광고(?)하였다. 상당히 광범한 반응이 일었다. 이처럼 많은 희망자가 쏟아져 나왔다는 사실을 두고 나는 결코 이화여대의 '청맥회'가 동행하기 때문이라고 생각하지는 않았다. 청구회에 얽힌 몇 가지 에피소드만으로도 충분히 호감이 가는 소풍이 아닐 수 없었다. 다른 생도들보다 비교적 일찍이, 그것도 6명이 단체로 신청한 생도들과 약속하였다. 그 후 많은 생도의 신청을 무마하여 다음 기회로 미루어 돌려보내느라 상당히 오랫동안 고역을 치렀다.

  이렇게 하여 우리의 봄소풍 일행은 최종적으로 그 인원이 확정되었다. 청구회 6명, 청맥회 여학생 8명, 육사 생도 6명 그리고 나 이렇게 21명이었다. 그리고 각 참가 그룹별 책임을 분담하였다. 책임이란 소풍에 필요한 점심과 간식에 소요되는 최소한의 준비였는데 이 분담도 참가신청 이전에 이미 참가의 조건으로 제시된 바 있었기 때문에 그것을 다시 상기시켜 잊지 말도록 히는 것일 뿐이었다. 여학생들은 점심 식사에 필요한 주식과 부식의 준비, 육사생도들은 과자와 간식의 준비 그리고 청구회 꼬마들은 주빈답게 아이스케이크 30개 값을 지참하는 정도로 그저 체면 유지

(?)에 그친 것이었다.

이 아이스케이크 값도 그날 목적지에 도착하기도 전에 동이 나고 말았지만, 마침 다들 목이 마를 때 다른 그룹들보다 먼저 선수를 쳤기 때문에 상당한 갈채를 받았다는 점에서 그 비용에 비하여 효과는 지극히 훌륭한 것이었다.

1967년 6월 ○일 일요일 오전 10시 30분. 우리 일행은 수유리 버스 종점에서 모이기로 하였다. 나는 9시 30분에 문화동 입구 청구초등학교 앞에서 꼬마들과 만나서 시내버스를 두 번 갈아타고 수유리 종점에 도착하였다.

먼저 와서 기다리고 있던 여학생들과 사관생도들은 우리의 도착으로 비로소 그들이 오늘의 동행인들이라는 사실을 알게 되었다. 나는 먼저 그들의 책임 준비물을 점검하였다. 초과달성이었다. 주·부식을 분담하였던 여학생들에게 딸기, 과자 등속이 지참되고 있었는가 하면 생도들의 짐 속에는 쌀까지 들어 있었다. 일요일에 등산 또는 소풍 가는 생도는 학교로부터 쌀의 정량을 지급받을 수 있기 때문에 악착같이(?) 타 왔단다.

이날 청구회 회원들은 여학생들과 사관생도들로부터 대단한 우대를 받았다. 가난한 옷차림을 낮추어 보는 시선도 없었고, 가난한 옷차림을 부끄러워하는 마음의 구김새도 없이 '신나게' 놀았던 하루였다. 육사 생도들은 육군사관학교로 꼬마들을 초대하겠다는 약속을 하였고, 여학생들은 '청구문고'에 도서를 기증하겠다는 약속을 했다. 오후 5시경 수유리 종점에서 헤어질 때까지 우리는 줄곧 의젓하게(?) 처신하면서 청구회의 위신을 손상시키지 않도록 자제하기도 하였다. 그래서였던지 그 후 동행인들로부터 각종 찬사와 격려를 받았다.

우리는 계속 부지런히 장충체육관 앞에서 만났고 엽서와 편지를 주고받아가며 우리의 역사를, 우리의 애정을 키워 왔던 것이다.

지금 옥방에 구속된 몸으로 이 글을 적으면서도 애석하고 마음 아픈, 이른바 실패의 기억처럼 회상되는 일이 하나 있다.

1968년 1월 3일에 청구회 꼬마들을 우리 집으로 초대하여 간소한 회식을 갖자고 제의하여 이들의 승낙을 받았다. 그러나 약속 날인 1월 3일 12시 동대문 체육관 앞에는 한 사람도 나타나지 않았다. 나는 이들의 초대를 위하여 어머니에게 이들의 면면을 말씀드려 '회식'의 준비에 각별한 애정을 느끼게끔 미리 터를 닦아놓기까지 하였던 터였다.

12시부터 약 1시간 40분 동안 추운 버스정류장에서 이들을 기다렸다. 처음 한 시간은 12시 약속을 1시 약속으로 착오하고 있을지도 모른다는 생각으로. 그리고 그 후 40분은 도중에 무슨 일로 좀 늦어질지도 모른다는 마음으로 기다렸다. 1시간 40분을 행 길가에 서서 기다렸다. 흔히 약속 시간보다 1시간씩이나 일찍 나타나곤 하던 이 녀석들의 특유의 버릇을 생각하여 근처의 담배 가게에 소상히 문의해 보는 일도 잊지 않았다.

나는 어깨를 떨어뜨리고 집으로 돌아와서 어머님의 실망을 위로하여야 하였다.

나는 지금도 그때 그들이 약속을 지키지 않았던 까닭을 정확히 모르고 있다. 사실은 그들이 나오지 않은 이유 자체가 심히 모호한 것이기도 하였다.

어쩌면 나에게 폐를 끼치는 일이라고 생각해서였는지 아니면 부모들로부터 역시 같은 이유로 금지당하였는지 그들의 대답과 표정은 끝내 모호하였을 뿐이었다. 결국 분명한 해명이 없는 채 그대로 지나치고 말았다.

바로 이 점에 나의 고충이 그리고 그들 쪽에도 하나의 고충이 있었는지도 모른다. 이러한 종류의 미묘한 심리적 갈등이 한두 번, 그나마 가볍게 노출되었던 것 외에 무슨 다른 어려움이 있었던 것은 아니었다.

다만 중학교를 진학하지 못하고 고작 검정고시로 가난한 마음을 달래고 있는 이들에게 중학교의 입학금과 학비를 내가 조달해야 하는가 하는 문제가 나를 상당히 우울하게 하였다. 이 문제에 관하여 나는 감상적으로 되는 나를 애써 경계하면서 이러저러한 논리를 갖추어 이성적으로 판단해야 한다고 다짐하면서도, 문득 문득 눈앞에 서는 이 초등학교 '7학년', '8학년'의 위축된 모습에서 여러 차례에 걸쳐 번민하지 않을 수 없었다.

매달 100원씩 붓는 우리들의 우편저금이 먼 훗날 어떠한 형식으로 이 잃어버린 중학 시절의 공허와 설움을 보상해줄 수 있겠는가.

1966년 이른 봄철 민들레 씨앗처럼 가벼운 마음으로 해후하였던 나와 이 꼬마들의 가난한 이야기는 나의 급작스런 구속으로 말미암아 더욱 쓸쓸한 이야기로 잊혀지고 말 것인지….

중앙정보부에서 심문을 받고 있을 때의 일이다. '청구회'의 정체와 회원의 명단을 대라는 추상같은 호령 앞에서 나는 말없이 눈을 감고 있었다. 어떠한 과정으로 누구의 입을 통하여 여기 이처럼 준열하게 그것이 추궁되고 있는가. 나는 이런 것들을 아랑곳하지 않았다.

나는 8월의 뜨거운 폭양 속에서 아우성치는 매미들의 울음소리만 듣고 있었다. 나는 내 어릴 적 기억 속의 아득한 그리움처럼 손때 묻은 팽이 한 개를 회상하고 있었다. 그리고 조용히 답변해주었다. '초등학교 7학년, 8학년 학생'이라는 사실을.

그 후 나는 서울지방법원 8호 검사실에서 또 한 번 곤혹을 느끼지 않을 수 없었다.

"이것이 '청구회 노래'인가?"

검사의 반지 낀 손에 한 장의 종이가 들려져 있었다. 거기 내가 지은 우리 꼬마들의 노래가 적혀 있었다.

  겨울에도 푸르른 소나무처럼
  우리는 주먹 쥐고 힘차게 자란다.
  어깨동무 동무야 젊은 용사들아
  동트는 새 아침 태양보다 빛나게
  나가자 힘차게 청구용사들.

  밟아도 솟아나는 보리싹처럼
  우리는 주먹 쥐고 힘차게 자란다.
  배우며 일하는 젊은 용사들아
  동트는 새 아침 태양보다 빛나게
  나가자 힘차게 청구용사들.

여기서 '주먹 쥐고'라는 것은 국가 변란을 노리는 폭력과 파괴를 의미하는 것이 아닌가 하는 심각한 추궁을 받았다. 사회주의 혁명을 위한 폭력의 준비를 암시하는 것이 아닌가 하는 끈질긴 심문이었다.

  내가 겪은 최대의 곤혹은 이번의 전 수사과정과 판결에 일관되고 있는 이러한 억지와 견강부회였다. 이러한 사례를 나는 법리해석의 문제로 이해하는 것이 아니라 정치권력 그 자체의 가공할 일면으로 이해하고 있는 것이지만 이는 특정한 개인의 불행과 곤혹에 그칠 수 있는 사소한 문제가 아니라는 점에서 심각한 사회성이 복재伏在하고 있는 것이다.

그리고 마지막으로 나는 군법 회의에서 '청구회 노래'의 가사를 읽도록 지시받고 '청구회'가 잡지사 '청맥사'를 의식적으로 상정하고 명명한 이름이 아니냐는 '희극적' 질문을 '엄숙히' 추궁받았다.

언젠가 먼 훗날 나는 서오릉으로 봄철의 외로운 산책을 하고 싶다. 맑은 진달래 한 송이 가슴에 붙이고 천천히 걸어갔다가 천천히 걸어오고 싶다.

ⓒ 『감옥으로부터의 사색』, 신영복 지음, 돌베개, 1998

작가 소개

신영복

경제학자이자 작가, 대학교수. 1968년 통일혁명당 사건에 연루돼 20년간 수감 생활을 하며 지인들에게 보낸 편지를 엮어 『감옥으로부터의 사색』을 출간했다. 2016년 향년 76세의 나이로 타계했다.

느낌들

청구회 아이들의 순수함과 그 아이들을 대하는 신영복의 따뜻한 태도가 먼 옛날 동화 속 이야기처럼 감동적이다. 초등학생과 성인이라는 나이 차가 무색하게 청구회가 오래 유지될 수 있었던 것은 서로에 대한 신뢰와 배려 때문이었을 것이다. 신영복과 아이들은 인간 대 인간으로 만나 서로를 진실한 마음으로 대했다. 일방적 도움이나 봉사가 아니라 서로 의지하고 기대며 마음을 나눌수록 더욱 행복해지는 우정이었다. 이처럼 우정은 대단하고 거창한 감정이 아닌, 서로가 서로를 진심으로 대할 때 더욱 깊어지는 법이다.

평화를 이해하는 방식

김중미

공부방을 처음 시작했을 때부터 우리는 아이들 안에 내재된 폭력과 맞서야 했다. 나이가 든 지금도 내가 차마 입에 담지 못하는 욕이 아이들에게는 일상 언어였고, 집에서나 학교에서나 매를 들어야 겨우 몸을 움직이는 게 습관이 되어 있었다. 그러니 공부방에서도 욕과 주먹다짐이 떠나질 않았다. 욕을 하거나 폭력을 쓰지 말자는 규칙을 수도 없이 만들었지만 쉽게 고쳐지지 않았다. 그래서 2002년, 공부방에 '평화 지킴이'를 만들었다. 평화 지킴이는 6학년 아이들이 돌아가면서 맡기로 했다. 당시 6학년 아이들 가운데는 힘이 곧 정의라고 생각하는 아이가 있는가 하면 학교나 동네에서 따돌림을 당하는 아이도 있었다. 우리는 아이들이 평화 지킴이 활동을 하면서 스스로 주먹보다 말로 문제를 해결하는 법을 배울 수 있기를 바랐다.

　임명장을 받아 든 아이들은 평소와 다르게 행동하려고 노력했다. 평화 지킴이가 하는 일은 공부방 안에서 다툼이나 갈등이 생기면 동생들과 함께 왜 싸움이 일어났는지, 어떻게 해결하는 것이 좋은지 대화로 찾도록 돕는 것이었다. 문제를 해결하면, 초등부 아이들이 다 모인 자리에서 싸움의 원인과 화해 방법을 발표하게 했다. 처음엔 어색해했지만, 조금씩 평화 지킴이가 자리를 잡았다. 평화 지킴이는 해마다 6학년이 맡았다. 그런데 3년이 지나자 아이들 사이에서 평화 지킴이가 또 다른 권력이 되었다. 평화 지킴이는 감투나 완장이 아니라는 걸 이해시키기는 쉽지 않았다. 회의 끝에 공부방 아이들 모두가 평화 지킴이가 되는 것으로 평화 지킴이를 해체했다.

　공부방 아이들은 약한 동생들이 힘센 아이들에게 맞는 것을 보면 외면하지 않고 개입해 대화하고 사과하게 노력한다. 학교에서나 동네에서나 약자인 아이들은 중립을 지키며 다른 사람의 고통을 모르는 척하는 것도 폭력임을 누구보다 잘 알고 있다. 아이들에게 평화는 약한 이의 편을 드는 것이다. 아는 것과 실천하는 것 사이에는 많은 괴리가 있지만 최소한 그 원칙을 지키려고 애쓰는 모습을 보면 희망이 생긴다. 공부방 아이들은 적어도 평화가 단지 싸움이 없는 것, 때리지 않는 것이 아니라 서로 이해하고 존중받는 것임을 인식하고 있다.

2002년 중학생이었던 효순이, 미선이가 의정부에서 미군 장갑차에 깔려 죽는 사건이 일어났다. 공부방 중·고등부 학생들은 광화문에서 열리는 촛불집회에 참여하길 원했다. 우리가 아이들과 거리로 나간 것은 아마 그때가 처음이었을 것이다.

2003년 미국의 이라크 침공을 앞두고 전 세계의 평화 활동가들이 죄 없는 어린이와 여성들이 희생양이 될 전쟁을 자신의 몸으로 막아 보겠다고 이라크로 모이기 시작했다. 우리나라 평화 활동가들도 전쟁을 막는 '인간 방패'가 되기 위해 이라크로 떠났다. 그때 공부방 아이들과 친분이 있던 동화 작가 박기범도 이라크로 떠났다. 공부방 아이들은 박기범 삼촌을 위해 40일 동안 날마다 평화의 꽃을 접고 기도를 했다. 그리고 주말이면 손수 만든 피켓과 플래카드를 들고 대학로로 나갔다. 박기범 삼촌이 무사히 한국으로 돌아온 뒤에는 삼촌의 친구인 살람 아저씨를 통해 이라크 어린이들과 편지를 나누었다. 답장이 오가는 데 석 달에서 반년씩 걸리기도 했다.

한번은 공부방 아이들이 정성스럽게 보낸 선물에 대한 보답으로 이라크 아이들이 선물을 보내왔다. 선물 상자에는 이라크 어린이들이 암시장에서 산 색연필과 볼펜, 공책, 이라크 전통 자수로 만든 벽걸이, 할아버지한테 물려받은 그림 같은 귀한 선물들이 있었다. 선물을 받은 아이들은 이라크 친구들의 그 마음이 고맙고 미안해서 평평 울었다. 아이들에게 이라크의 평화가 더 절실해졌다. 지구 저편 이라크란 나라에는 친구 하산이 살고 살람이 살았다. 공부방 아이들에게 평화는 그저 폭력의 반대가 아니라 누군가를 사랑하고, 기다리고, 아파하고, 함께 눈물 흘리고, 손을 잡는 일이 되었다. 그 뒤로 우리는 용산 남일당, 4대 강, 두물머리, 제주 강정을 찾아갔고, 거리 집회에 나섰다.

2014년 4월 16일 세월호 사건이 일어났다. 공부방 식구들은 주말마다 청계광장으로, 시청으로, 광화문으로 나갔다. 고3이던 둘째 딸은 안산 집회에 두 번 참여한 뒤에는 100일, 200일 행사에만 갔다. 주말에도 서울로 가는 엄마에게 딸은 미안한 마음을 감추지 못했다. "엄마, 내 몫까지…."

그래도 시험을 앞두고는 주말에라도 밥을 챙겨 주기 위해 나도 집에 남았다. 그러면 나나 딸이나 하루 종일 마음이 편하지 않았다. 언제부턴가 평범한 일상, 소박한 행복을 누리는 것이 이기적이고 미안한 일이 되었다. 강정이 그랬고, 콜트콜텍이 그랬고, 용산이, 쌍용자동차가, 대추리가 그랬다. 그래서 우리는 여력이 되는 한 주말이면 연대가 필요한 현장으로 갔다. 세월호 사건이 일어난 뒤에도 마찬가지였다. 같은 부모로서, 같은 시민으로서 할 수 있는 일이 그것밖에 없어서다.

만석동과 강화에 서로 떨어져 사는 한빈이와 래원이는 광화문에서 만나면 반갑다며 얼싸안고 소리를 지른다. 하준이와 예준이는 걸음마를 배우기도 전에 나와서 연단에 선 누군가가 구호를 외치면 따라서 소리를 지르고 박수를 쳤다.

깃발 한번 든 적 없지만 아이들과 길 위에서 함께 걷는 우리를, 어떤 이들은 아무것도 모르는 아이들을 앞세운 철없고 파렴치한 부모로 몰았다. 심지어 초등학교 동생들의 손을 잡고 행진하는 우리와 중·고등학생들을 보며 어린애를 데리고 집회에 오는 건 아동 학대라고 충고했다. 이모 삼촌들이야 한 귀로 듣고 한 귀로 흘리면 되지만 예민한 청소년들은 그 말에 상처를 받는다.

공동체 아이들은 평화를 위해 함께 힘을 모아야 할 일이 있을 때 공부방 식구들이 다 같이 집회에 가는 걸 당연하게 여긴다. 지금 아홉 살인 한선이, 예담이가 세 살 때는 엄마 등에 업히고 아빠 팔에 안겨 용산 남일당을 자주 찾았다. 남일당 유가족들은 그 아이들을 조카, 손자처럼 반갑게 맞아 주었다. 지금도 가끔 거리에서 유가족들을 만나면 아이들은 친척을 만난 것처럼 반가워한다. 지금 대학생들이 초등학생일 때는 대추리에 갔다. 김밥을 싸 가서 마을 담에 그림을 그리고, 공연을 하고, 대추분교에서 뛰어놀았다. 대추분교가 철거된 걸 보며 펑펑 울던 아이들이 중학생이 되었을 때 용산 남일당 참사가 일어났고, 고등학생 때는 제주 강정이 짓밟히는 것을 보았다.

우리 아이들은 자신들이 '길 위의 신부' 문정현 신부님의 아주 소중한 친구라고 생각한다. 아이들은 문 신부님과 평화 유랑단 '평화바람'의 이모 삼촌이 가 계신 곳은 자신들에게도 중요하고 의미 있는 곳이라고 여긴다. 아이들은 가끔 왜 평범하고 힘없는 사람들만 만날 이런 슬픔을 겪는지 묻는다. 우리는 '너희는 아직 어려서 모른다'라는 말을 하지 않는다. 우리가 아는 만큼 이야기해 준다. 길게는 15년, 짧게는 2, 3년이 지나면 청년이 될 아이들에게 평화는 혼자 지킬 수 없고 여럿이 함께 지켜야 한다는 것을 반드시 알려 주어야 한다고 생각하기 때문이다.

아이들은 평화를 지키는 게 힘들다는 걸 안다. 참아야 하고, 기다려야 하기 때문이다. 그래도 아이들은 조금 불편해도 평화가 더 좋다고 말한다. 공부방에서는 가장 약하고 어린 아이가 우대받는다. 그렇게 존중받아 본 아이들은 자기보다 어린 아이가 왔을 때 그렇게 존중해 준다. 평화란 아무 일도 일어나지 않는 상태가 아니라 나와 우리가 살고 있는 세상에 끊임없이 관심을 갖고 문제를 해결해 나가는 것이다.

10년 전 이라크에서 온 편지에는 이라크 아이들이 겪는 전쟁의 비극이 그대로 담겨 있었고, 우리 아이들의 답장에는 그 비극을 다 헤아릴 수는 없더라도 진심으로 아파하는 마음이 담겼다. 한 번도 서로 만난 적 없지만 아이들은 영상 편지를 쓰다가 눈물을 쏟고, 선물 보따리를 풀다 울었다. 그때 편지를 주고받던 이라크 친구들 중에는 끝내 하늘나라로 떠난 친구도 있고, 아직도 평화가 먼 그곳 땅에서 청년이 되어 살아가는 친구도 있다. 우리 아이들 역시 대부분 노동자가 되었고, 더러는 대학생이 되었다. 그때 그 경험이 아이들을 평화 운동가로 만든 것은 아니다. 그러나 한때의 경험은 이라크 아이들과 한국의 가난한 아이들이 서로를 기억하는 고리가 되었다. 또 지구 저편 어딘가에서 일어나는 전쟁이나 부당한 폭력, 착취에 대해 아이들이 "왜?"라는 질문을 하고, 그 일이 내 주위에서 일어났을 때 무관심하지 않고 분노할 수 있는 바탕이 되었다. 2005년 무렵 아이들이 주고받은 편지를 소개한다.

아이들이 나눈 이 마음을 존중할 수 있는 사회가 되길 바라며.

전현철에게.

안녕? 잘 지내니, 친구야?

내 이름은 무하마드 탈리브야. 난 열 살이야. 난 바그다드에서 살고 있어. 나 역시 이라크에 있는 다른 모든 아이가 그렇듯 평범한 아이들과 같은 생활을 하지 못하고 있어.

평범한 아이들처럼 지내지 못하고 있다는 건 내 생각이야. 평범한 아이들은 놀 수도 있고 하고 싶은 걸 할 수 있지만 우린 아무것도 할 수 없는걸. 어떨 때는 학교도 못 가고 계속 집에만 있을 때도 있어. 하지만 우린 집 안에서 할 게 아무것도 없어.

어느 날 아빠와 살람 삼촌이 한국에 사는 어떤 아이가 내 친구가 되고 싶다며 편지를 보냈다고 하시는 거야. 그 이야기를 들었을 때 얼마나 행복했는지 몰라. 날 생각하는 사람이 있다니, 그리고 그냥 아무 사람이 아니라 한국에 사는 사람이라니! 이 사실에 난 정말 기뻤어.

네 편지가 나에게 얼마나 큰 의미인지 꼭 말해 주고 싶었어. 네 편지를 여러 번 학교에 들고 가서 친구들에게 보여 줬어. 우리가 계속 친구로 잘 지냈으면 좋겠고, 네가 나에게 편지를 많이 써 줬으면 좋겠다.

편지에 음악을 좋아한다고 그랬지? 넌 틀림없이 행복하겠구나. 즐거운 시간을 보내고 있겠어.

언젠가 나도 너처럼 즐겁게 놀 수 있으면 좋겠다. 하지만 지금은 그럴 수 없어. 상황이 너무 좋지 않거든. 내 바람이 뭐냐고 물었지? 내 바람은 미군들에 의해 부서졌어. 그들 때문에 난 친구들과 놀 수도 없어. 그들 때문에 난 컴퓨터나 영어를 배울 수도 없어. 그들 때문에 내가 좋아하는 걸 아무것도 할 수 없어.

미국이 나에게 준 거라곤 딱 두 가지뿐이야.

'가난 그리고 피.'

너와 영원히 친구로 지내고 싶어. 약속해 줄래?

네 편지가 날 얼마나 행복하게 했는지 몰라. 언젠가 널 꼭 만나고 싶어.

안녕, 내 제일 친한 친구 현철아.

무하마드 탈리브에게.

안녕? 무하마드 탈리브야.

그때 너에게 편지를 보낸 전현철이야. 이제 열두 살이 돼.

그리고 네가 내가 보낸 편지를 받아서 나에게 답장이 왔다니까 너무 기뻤어. 그리고 너에게 행복과 평화가 왔으면 좋겠어. 내일이면 전쟁이 끝나고 행복과 평화만 찾아왔으면 좋겠다.

그리고 난 요즘 5학년이 되었어. 너에게 편지를 받으니까 네가 어떤지 알겠어. 이제 피와 가난이 없어지고 죽음도 없어졌으면 좋겠어. 평화만이 찾아왔으면 좋겠어. 이제 우리도 같이 만나서 함께 놀고 싶어. 그걸 생각하니 행복하다. 제발 평화가 오길 기원할게.

그리고 우리가 전쟁을 당하면 정말 싫을 거야. 나도 처음엔 그냥 전쟁하면 한 거라고 생각했지만 내가 전쟁을 당했다고 생각하니 너무 무서웠어. 실제로 당하면 무서울 거라 생각해.

그리고 너의 편지는 정말 행복했어. 이제부터 우리 이렇게 편지 자주 보내자. 그리고 전쟁이 끝나고 평화가 오면 정말 만나자.

네 편지처럼 이제 행복해지길 기원해.

안녕, 내 제일 친한 친구 무하마드 탈리브.

ⓒ 『꽃은 많을수록 좋다』, 김중미 지음, 창비, 2016

작가 소개

김중미

1987년 인천 만석동에서 가난한 아이들을 위한 '기찻길옆공부방'을 연 뒤 지금까지 '기찻길옆작은학교'의 큰이모로 아이들을 만나고 있다. 『괭이부리말 아이들』, 『조커와 나』, 『모두 깜언』 등의 청소년소설과 동화와 그림책을 썼다.

느낌들

춥고 배고픈 사람에게 친구는 더욱 절실한 존재다. 물질적 도움을 넘어 정신적 안식처가 필요하기 때문이다. 전쟁을 겪고 있는 이라크 어린이 무하마드 탈리브에게 한국 어린이 전현철이 보낸 편지는 큰 기쁨과 행복을 선사했다. 인종과 국경을 넘어 두 어린이를 연결시켜 준 것은 평화를 바라는 간절한 마음이었다. 평화는 그저 폭력이 없는 상태가 아니라, 남을 사랑하고 함께 눈물 흘리며 세상에 관심을 가지고 문제를 해결해 나갈 때 지킬 수 있다. 두 어린이의 우정처럼 타인의 아픔에 공감할 수 있는 사회가 되길 바란다.

백탑 아래서 벗들과

안소영

군신유의君臣有義, 임금과 신하 사이에는 의리가 있어야 한다.
부자유친父子有親, 아버지와 아들 사이에는 친근함이 있어야 한다.
부부유별夫婦有別, 남편과 아내 사이에는 분별이 있어야 한다.
장유유서長幼有序, 어른과 아이 사이에는 차례가 있어야 한다.
붕우유신朋友有信, 벗과 벗 사이에는 믿음이 있어야 한다.

우리는 누구나 삼강오륜三綱五倫(유교 도덕의 기본이 되는 세 가지 강령과 다섯 가지 도리)에 기대어 살아간다. 글을 읽은 사람은 물론, 그렇지 않은 소박한 백성들도 마음의 뿌리를 이 오륜에 두고 있다. 아이 때부터 외우고 다니는 다섯 가지 덕목은 그다지 어려운 것도 아니어서 누구나 노래를 부르듯 기억하고 있다. 이를 지키지 않으면 윤리를 깨뜨리는 패륜이라 하여, 사람들 사이에 발 딛고 살 수 없다.

그러나 언제부턴가 나는 오륜을 이야기하는 것이 서글펐다. 어느덧 글을 배울 만큼 자란 자식 앞에서도 그랬고, 나에게 글을 배우러 몰려온 동네 아이들 앞에서도 그랬다. 놀이처럼 재잘대며 다섯 가지 덕목을 종알거리는 아이들을 볼 때마다 내 마음은 막막하기만 했다.

군신유의라, 임금과 신하 사이에는 의리가 있어야 한다. 그러나 의리로써 임금을 대할 기회가 나에게는 주어지지 않았다. 벼슬길에 나아갈 수 없는 나에게 군주君主는 그저 아득히 먼 존재일 뿐이었다. 그 은혜와 손길을 느낄 수가 없고, 나 역시 피가 도는 뜨거운 마음으로 나의 군주에게 의리를 바칠 수가 없었다.

부자유친이라, 아버지와 아들 사이에는 친근함이 있어야 한다. 그러나 아버님을 뵐 때마다 내 마음은 늘 아려 온다. 아들을 낳고부터는 더욱 그랬다. 아비로서의 지극한 정으로도, 나와 같은 처지를 아들에게 물려주어야 하는 현실을 바꿀 수는 없었다. 아버님 역시 그러하셨을 것이다. 아버님과 나에게는, 그리고 나와 나의 아들에게는, 부자로서의 친근함 이전에 흐르는 감정이 있다. 서자의 처지라는 공통의 운명을 짊어지고 살아야 하는, 서로에 대한 안쓰러움이다.

　부부유별이라, 남편과 아내 사이에는 분별이 있어야 한다. 하지만 아내에게도 나와 마찬가지로 서출庶出이라는 피가 흐르고 있다. 처가는 무인의 집안이지만, 그 활달하고 씩씩한 기운으로도 신분의 굴레가 주는 그늘을 아주 없애지는 못했다. 아내 역시, 아버지와 형제들의 우울한 한숨과 끈끈한 탄식 속에서 자랐을 것이다. 아비와 어미에게서 그러한 피를 물려받은 나의 자식들 역시 그러할지 모른다. 그러한 자식들을 바라보는 아내의 심정도 나와 마찬가지로 절망적이고 우울하리라. 부부는 이렇게 다르지 않다.

　장유유서라, 어른과 어린아이 사이에는 차례가 있어야 한다. 물론 어린 사람은 나이 든 사람을 공경해야 마땅하다. 하지만 예외는 있다. 우리 같은 서자 출신은 머리가 허옇게 센 노인이라도, 본가의 어린아이에게까지 존댓말을 써야 한다. 간혹 보잘것없는 벼슬이나마 관직에 나아간다 하더라도, 서출의 자리는 따로 있었다. 당당한 적자 출신의 사대부들끼리 차례를 지켜 앉은 다음, 서출들은 그 아래쪽에 따로 앉았다. 앉은 자리가 남쪽이라 하여 우리를 '남반南班'이라 조롱하기도 했다.

　붕우유신이라, 벗과 벗 사이에는 믿음이 있어야 한다. 오륜이 나와 같은 처지의 사람들에게도 공평하게 한자리를 내어 주는 것은 오직 이 항목뿐이다. 임금과 신하, 아버지와 아들, 남편과 아내, 어른과 아이, 사람들 사이의 어떠한 곳에서도 우리가 마음 편히 있을 자리는 없었다. 우리가 사람다운 대접을 받고, 사람으로서 살아가는 의미를 찾을 수 있는 것은, 오직 마음에 맞는 벗들과 함께 있는 그 순간뿐이었다.

나는 언제나 이러한 벗들이 그리웠다. 내 입으로 글을 읽어도 듣는 것은 나의 귀뿐, 내 손으로 글을 써도 보는 것은 나의 눈뿐, 오로지 내가 나를 벗으로 삼아 위안해 온 세월이 너무나 길었다.

그러나 오랜 기다림 끝에 나도, 드디어 소중한 벗들을 만나게 되었다. 벗들에게로 가는 길을 나에게 내어 준 것은, 은은한 달빛 아래 더욱 환하게 모습을 드러내는 백탑이었다. 탑은 제 그림자를 다리처럼 길게 놓아, 벗들에게로 가는 길을 만들어 주었다. 또한 내가 오래도록 머무를 자리도 만들어 주었다.

내 마음속의 백탑

언제부터 저 백탑이, 내 마음속에 자리 잡고 서 있었던 것일까?

보잘것없는 체구인 나이지만, 가슴속에 시 있는 백탑을 느낄 때면 왠지 허리도 가슴도 꼿꼿이 펴지는 것 같다. 나도 백탑처럼 세상에 우뚝 서 있는 듯한 기분이 든다.

달님이 보름을 향해 둥글게 가고 있는 어느 가을밤, 남산 자락에 있는 처남 집에서 문득 도성 안을 내려다보던 때였을까.

나지막하게 엎드린 초가지붕과 기와지붕들 위로 탑이 홀로 높이 솟아 있었다. 탑은 하얗고 기다란 촛대처럼 보였다. 그 위를 달빛이 촛농처럼 고요히 흘러내리고 있었다. 어두울수록 더욱 은은하게 빛나는 탑의 모습을 정신없이 바라다보고 있는데, 탑도 눈길을 길게 늘여 나를 바라보는 것 같았다. 그 눈길과 눈길이 서로 마주치는 순간, 서늘하고도 흰 탑 하나가 내 가슴속에 성큼 들어와 서는 듯했다.

아니면 개천 물소리가 경쾌하게 들려오던 어느 봄날, 천천히 운종가를 거닐다가 문득 탑이 서 있는 옛 절터 쪽을 바라보던 때였을까.

흰옷 차림의 사람들은 봄을 맞은 저잣거리를 구름처럼 바쁘게 흘러 다니고 있었다. 딱히 필요한 물건을 사러 나온 것은 아니었지만, 내 발걸음은 모처럼 여유롭고 가벼웠다. 그러다 흘낏 옆으로 눈을 돌렸을 때, 고개를 길게 늘여 빼고 세상 구경을 하고 있는 탑의 윗몸이 보였다. 햇살을 받은 탑은 더욱 눈부셔 보였고, 탑의 몸에 묻은 초록빛 이끼들도 더욱 신비로워 보였다. 정신없이 그 모습을 바라보고 있는 순간, 환하고도 흰 탑 하나가 내 가슴속에 사뿐 들어와 서는 듯했다.

캄캄한 밤에도, 환한 낮에도, 도성 안 어디에서 눈길을 돌려도,

탑은 제 모습을 당당하게 드러내었다. 헌칠한 탑의 키는, 사람 키의 일곱 배가 된다고도 하고 여덟 배쯤 된다고도 했다. 밤하늘의 달님도 도성 안에 홀로 우뚝 솟아 있는 저 탑을 보고서야, 비로소 조선 땅을 제대로 찾아온 줄 알았을 것이다.

가까이에서 바라보는 탑은, 멀리서 볼 때와는 또 다르다. 삼층으로 된 아래 기단은 튼튼하면서도 웅장하고, 그 위에 다시 쌓아 올린 십층 돌탑의 높이는 더욱 까마득했다. 게다가 모란과 연꽃, 용, 사자 등 탑의 모든 면에 가득한 조각들은 정교하면서도 아름다웠다. 돌을 쪼아 만들었다는 것이 도저히 믿어지지 않을 정도였다. 탑의 몸에 피어오른 이끼마저 아름답고 신비로워 보였다.

탑이 이 옛 절터에 서 있게 된 것은, 지금으로부터 삼백 년도 훨씬 전인 1468년, 세조 임금님 때부터라고 한다. 궐 안의 임금님은 화려한 절을 지어 탑의 모습을 빛내 주려 하였지만, 궐 밖의 백성들은 이름 모를 풀들과 은은한 달빛이 탑과 함께할 수 있도록 옛 절터를 그대로 남겨 두었다. 화려한 치장을 하고 탑의 주위를 돌던 사람들은 없어졌지만, 스스럼없이 탑의 아래 기단에 주저앉아 고단한 다리를 쉬어 가는 사람들이 많아졌다. 낮에는 개구쟁이 아이들의 놀이터가 되고, 밤에는 마음이 울적한 사람들이 찾아와 말없이 앉아 있다 가기도 하였다. 사람들은 '원각사 십층석탑'이란 본래의 긴 이름 대신에, 그저 '백탑'이라고 정겹게 불렀다.

나는 한동안 백탑을 홀로 가슴속에 담아 두었다. 다른 벗들도 마찬가지였을 것이다. 아직 서로에 대해 알지 못하고 저마다 사는 곳이 다를 때에도, 탑을 바라보는 눈길만큼은 가끔씩 밤하늘 어딘가에서 마주쳤을지도 모른다. 탑도 그것을 잘 알고 있었을 것이다. 그래서 우리들을 차례로 백탑 가까이 불러들인 것은 아니었을까.

오래도록 친척 집으로 셋집으로 정처 없이 떠돌던 나는, 드디어 백탑 아래에 보금자리를 마련하게 되었다. 1766년 5월이었다. 바깥채도 따로 없고 이엉을 인 지붕마저 손질이 안 돼 엉성한 집이었다. 하지만 나는 그 집이 마음에 들었다. 길게 목을 늘인 탑은, 밤늦도록 책을 읽고 있는 내 방의 불빛을 언제나 고요히 바라보고 있었다. 그럴 때면 탑의 눈길을 따라온 달님도 우리 집 지붕 위를 오랫동안 떠나지 않았다.

이렇게 나는 '큰 절 동네'라는 뜻의 이름을 지닌 대사동大寺洞에서 탑과 함께 살게 되었다. 큰 절은 사라지고 없었지만 탑은 여전히 그 자리에 서 있기에 불리던 이름이었다. 나처럼 탑을 아끼는 벗들과 스승이 함께 모여 산 동네였다. 1766년부터 1783년까지, 백탑 아래에서 보낸 나날들은 내 생애에서 가장 빛나는 시절이었다.

백탑 아래 맺은 인연

밤늦도록 책을 읽다가 마당으로 나와 서늘한 바람을 쐬노라면, 잠을 이루지 못하는 것은 나만이 아니라는 생각이 들었다. 머리 위에 달님을 인 채 탑은 고요히 나를 바라보고 있었고, 나처럼 책을 읽다가 마당을 서성이고 있을 벗들의 발짝 소리가 들리는 듯도 했다. 저마다 가슴속에 담긴 외로움을 알아보고 탑이 우리를 차례로 부른 것인지, 탑의 따스한 기운에 이끌려 우리가 그 아래로 하나둘 모여든 것인지. 아무튼 우리는 서로의 숨결을 느낄 만큼 가까운 곳에 모여 살고 있었다.

백탑 아래 동네에서 옆 동네 경행방과 이어지는 북동쪽 끄트머리에는, 유득공과 그의 숙부들 집이 있었다. 정작 나와 동갑은 유득공의 숙부 유련流連이었으나, 가슴속의 이야기를 다 터놓을 만큼 허물없는 벗으로 지낸 이는 나보다 일곱 살 아래인 유득공이었다. 늘 환한 웃음을 띠고 있는 그의 얼굴은, 보기만 해도 기분이 좋았다. 그는 바람처럼 가볍게 이곳저곳 다니기를 즐겨했는데, 그때마다 사소한 옛이야기 하나도 놓치지 않고 꼼꼼히 기록해 두었다. 환한 얼굴에 부드러운 울림이 좋은 그의 목소리로, 예와 지금의 갖가지 이야기를 듣는 것은 우리들의 큰 기쁨이었다.

내가 백탑 아래로 온 지 이태 뒤에는 연암燕巖 박지원朴趾源 선생이 이사 오셨다. 우리 집과는 사립문을 나란히 하고 있을 만큼 가까웠기에, 연암 선생을 만나러 온 사람들은 내 집에도 자주 들렀고 때로는 우리 집에 왔다가 함께 선생 댁으로 가기도 했다. 선생 자신이 이름난 사대부 집안의 자손이고, 드나드는 사람들 또한 우리 같은 서자보다는 사대부 집안의 자제들이 많았다. 그러나 선생은 누구에게나 한결같이 따스한 눈빛으로 시원스러운 말씀을 들려주셨다. 그 사람의 위치나 처지보다는 사람됨을 먼저 보셨다. 나와 벗들을 조이고 있는 무거운 신분의 사슬도, 연암 선생의 방 안에서는 느슨해졌고 나중에는 의식조차 하지 못했다.

우리를 자애롭게 대해 주기는 담헌湛軒 홍대용洪大容 선생도 마찬가지였다. 선생은 남산 아래에 살고 계셨지만, 연암 선생을 자주 찾아오셨고 우리도 연암 선생과 함께 선생 댁을 자주 찾아갔다. 자그마한 체구에 목소리도 낮았지만, 우리가 살고 있는 지구와 우주에 대한 이야기를 들려주실 때에는 그 뜨거운 기운이 방 안을 다 채우고도 남았다. 선생의 입에서 흘러나오는 복잡한 수식과 자연 세계의 규칙들을 듣노라면, 내가 그리 관심을 두지 않았던 역학이나 천문학에도 나름대로 아름다움이 있다는 것을 새삼 깨닫곤 하였다.

남산 아래에는 또한 나의 벗이자 처남인 백동수白東脩와 박제가朴齊家가 살고 있었다. 백동수는 우리들 가운데 유일하게 무예에 뜻을 두고 있는 벗이었다. 그가 활을 쏘는 모습이나 목검을 휘두

르며 수련하는 모습을 볼 때면, 나와 벗들의 가슴도 왠지 후련해졌다. 다부진 몸집에 눈빛이 날카로운 그와 함께 걷노라면, 우리들 어깨도 조금씩 펴지는 것만 같았다.

　나는 벗들 가운데 특히 박제가에게 어쩐지 마음이 많이 쓰였다. 박제가는 누구에게나 할 말을 거침없이 다 하였고 자신의 감정을 에둘러 말하는 법 없이 솔직히 드러내었기에, 싫어하는 사람들이 많았다. 다른 사람의 비난을 받거나 쉽게 어울리지 못하는 그를 볼 때마다, 나는 마음이 아팠다. 언뜻 보기에는 대범해 보이지만 사실은 무척 여린 사람이라는 것을 잘 알고 있기 때문이다. 제가라는 이름은 "제 몸과 마음을 닦고 집안을 다스린 다음, 나라를 바로 다스려 세상을 편안하게 한다"는 뜻의 '수신제가 치국평천하修身齊家治國平天下'의 제가齊家를 말한다. 아름답게 나라를 다스리는 치국治國에도 관심이 많아, 백성들의 생활을 직접 살펴보고 나아질 방법을 찾아보는 데 많은 노력을 기울였다. 박제가와 백동수는 남산 아래에 살고 있었지만, 아마 제 집에서 보낸 시간보다는 백탑 아래에서 우리들과 함께 보낸 밤들이 더 많았을 것이다.

　이서구李書九는 우리 가운데 가장 나이가 어렸다. 나와는 열세 살이나 차이가 났다. 그는 우리처럼 서자가 아니고 이름난 집안의 당당한 자손이었다. 그의 사랑은 연암 선생 댁 서편에 있었는데, 대갓집답게 높다랗게 솟아 있었다. 연암 선생 댁에 자주 드나들던 그는 우리와도 알게 되었고, 이내 나이와 신분에 거리낌 없이 함께 어울리는 벗이 되었다.

　백탑 아래 동네에서 오고 가며 어울리던 그 무렵, 나와 벗들은 『백탑청연집白塔淸緣集』이라는 시문집을 펴내었다. 연암 선생의 글도 들어 있었다. 제목은 박제가가 붙였는데, '백탑 아래 맺은 맑은 인연을 기린다'는 뜻이다. 그때 우리의 사귐을 이보다 더 잘 표현한 말이 있을까. 아마 백탑도 제 이름과 함께 맺은 우리들의 인연이 오래오래 흐뭇했을 것이다.

벗들이 지어 준 나의 공부방

백탑 아랫동네로 이사한 지 세 해쯤 되던 해였다. 바야흐로 봄이 한창 무르익은 오월 어느 날이었다. 탑의 몸에 피어난 이끼도 계절답게 짙은 녹색 빛을 띠고 있어서, 가까이에서 본 탑은 흰색이 아니라 연녹색으로 보였다.

　벗들만 간간이 드나들던 호젓한 나의 집에, 별안간 굵은 나무와 연장을 짊어진 장정들이 들이닥쳤다. 집안사람들은 눈이 휘둥그레졌고, 어리둥절하기는 나도 마찬가지였다. 비좁은 마당에 짐을 부려 놓는 사람들 뒤로 유득공과 백동수의 얼굴이 보였다. 그제야 집을 잘못 찾아온 것은 아니라는 생각이 들긴 했으나, 여전히 까닭은 알 수 없었다.

"매부, 이 사람들에게 마당을 좀 빌려 주시지요."

서글서글한 목소리로 백동수가 먼저 말했다. 그 말을 곧이곧대로 새겨 봐도 까닭을 알 수 없었다. 하필이면 비좁은 내 집의 마당을 빌려 달라니. 차라리 집 밖 빈 터가 더 넓지 않은가. 이런 생각을 하고 있는데, 유득공이 겸연쩍은 표정을 지으며 덧붙였다.

"여기 방 한 칸을 만들려고 합니다. 편안하게 책도 읽고, 저희도 자주 찾아와 함께 지내고…."

"……."

무어라 할 말이 떠오르지 않았다. 어느새 눈앞이 뿌옇게 흐려졌다. 찾아온 벗들을 한 번도 편안하게 맞이하지 못한 지난날들이 그림처럼 지나갔다.

우리 집은 바깥채가 따로 없이, 좁은 마루를 사이에 둔 방 두 칸이 전부였다. 손님이라도 찾아오면 나와 함께 있던 어린 동생은 형수와 조카들이 있는 방으로 건너가야 했다. 출타한 아버님이 돌아오시면, 나는 찾아온 벗들과 함께 슬그머니 바깥으로 나와야만 했다.

어쩌다 비좁은 방 안에 무릎을 맞대고 앉아 있어도 편치 않았다. 행여 손님에게 방해될세라 아내는 목소리를 낮추었지만, 아이들을 꾸짖는 소리는 문풍지 사이로 바람과 함께 흘러 들어왔다. 늦은 밤이면 더욱 조심스러워, 목소리를 낮추는 것은 방 안에 있는 사람들도 마찬가지였다.

　추운 겨울날에는 칼바람이 그대로 몸에 감겨들었고, 쌓였던 겨울 눈이 녹기라도 하면 썩은 초가지붕에서 누런 물이 흘러내렸다. 얼었다 녹은 자리에서도 누런 물이 배어 나와 앉아 있는 손님들 옷을 누렇게 물들이기도 했다. 나는 나대로, 손님은 손님대로 딱한 일이 아닐 수 없다.

　보다 못한 벗들이 가진 것을 조금씩 내어 서재를 지어 주자고 의논한 듯싶다. 얼마 전, 백탑 아래 사는 또 다른 벗 서상수徐常修의 집에서 꽤 많은 책이 서적상으로 실려 나갔다는 소리를 들었다. 이제 보니 그가 아끼던 책들이 마당에 부려 놓은 나무가 되어 내 집으로 찾아온 모양이다. 다른 벗들도 모두 넉넉한 형편이 아니니, 저 속에는 그들의 책도 제법 들어 있을 것이다.

　"이곳의 일은 저 사람들에게 맡겨 두고, 저희 집으로 가시지요."

　고개를 떨어뜨리고 생각에 잠겨 있는데, 유득공이 내 팔을 끌었다. 일꾼들은 어느새 부지런히 땅을 고르며 굵은 재목들을 손질하고 있었다. 돌아가는 형편을 눈치챈 아이들은 환한 표정으로 그 주위를 빙빙 돌아다녔다.

　자그마한 서재 한 채를 짓는 데는 그리 오래 걸리지 않았다. 하늘도 궂은 인상 한 번 쓰지 않았고, 부드러운 오월 바람은 몇 번이고 흙벽을 쓰다듬으며 단단하고 매끈하게 만들어 주었다.

그 달이 다 가지 않아 내 집 마당에는 새로운 집 한 채가 자리를 잡았다. 방 하나가 전부인 건물이지만, 새로 올린 지붕의 풀 냄새가 향긋하고 종이로 바른 흙벽이 벗들의 마음처럼 은은하고 정겨웠다.

마침내 서재가 완성된 날, 벗들이 내 집에 모여들었다. 아내는 모처럼 조촐한 술상을 차려 내었다. 집을 짓는 틈틈이, 밤새워 바늘을 놀려 가며 애써 마련해 둔 것이리라. 여기에 벗들이 저마다 들고 온 꾸러미를 펼쳐 놓으니 잔칫상이 따로 없었다. 여전히 서로 무릎을 맞대고 앉아야 할 만큼 좁은 방이었지만, 나에게는 온 세상을 차지한 것처럼 넓기만 했다. 태어나 처음으로 나만의 편안한 공간을 얻게 된 감격에 울먹울먹 속이 일렁여서 그런지, 그날따라 술기운이 빨리 올랐다.

벗들은 청장관靑莊館이라는 나의 호를 따서, 새로 지은 서재에 '청장서옥靑莊書屋'이라는 이름을 붙여 주었다. 처음으로 갖게 된 온전한 나만의 공부방이자, 두런대는 벗들의 목소리가 끊이지 않는 우리의 사랑방이기도 했다.

ⓒ 『책만 보는 바보』, 안소영 지음, 보림, 2005

작가 소개

안소영

『갑신년의 세 친구』, 『책만 보는 바보』, 『다산의 아버님께』 등 역사 속 인물의 삶을 들여다보고 그들의 이야기에 생생한 숨결을 불어넣는 일에 관심이 많다. 『책만 보는 바보』는 조선시대 이덕무와 그의 실학자 벗들의 우정을 그린 책이다.

느낌들

선물로 감동을 선사하기란 생각보다 어렵다. 상대가 부담스럽지 않게 느껴야 하며, 나도 그 대가를 바라지 않는 마음으로 온전한 기쁨을 줄 수 있는 선물을 하는 것은 쉽지 않다. 조선 후기의 학자 이덕무의 백탑파 친구들은 지기知己에게 평생 잊지 못할 선물을 한다. 서로 넉넉지 않은 형편이지만 조금씩 정성을 모아 이덕무에게 방을 지어준 것이다. 비록 흙벽으로 막은 작은 공간이지만 그곳에 둘러앉아 편안하게 이야기를 나누고 학문을 논하고 책을 읽는 모습을 상상해 보면 저절로 미소가 지어진다.

김애란

은지의 여행 가방은 서윤의 것보다 두 배는 더 컸다. 그날 아침, 몸무게가 40킬로그램도 안 되는 은지가 창백해진 얼굴로 초대형 캐리어를 끙끙대며 끌고 왔을 때, 서윤은 한 손에 테이크아웃 커피를 든 채 얼빠진 얼굴로 물었다.

"대체 뭘 갖고 온 거니?"

서윤은 작은 크로스백 하나에 등산 가방을 메고 있었다. 은지는 친구의 단출한 짐 꾸러미를 흘깃대며 새치름하게 말했다.

"그럼 넌 뭘 갖고 온 건데?"

두 사람은 대학 동기로 입학한 이래 지금까지 단짝처럼 지내온 사이다. 같은 과, 같은 나이에 비슷한 감수성과 문화적 취향을 지녔고, 가정 형편도 고만고만해 통하는 게 많은 친구. 유쾌하고 압축적인 말장난을 즐기고, 대화 도중 서로 같은 문법을 사용하고 있단 느낌에 안도하는 관계였다. 은지와 서윤은 여학생들의 아기자기한 배려보다는 서로에게 건네는 다정한 하대와 면박을 좋아했다. 그리고 대놓고 말은 안 했지만 본인들이 또래보다 똑똑하다 자부했다. 그 나이 대 젊은이가 자주 하는 오해 중 하나. 혹은 대부분의 인간이 죽을 때까지 하는 착각 중 하나를 그들도 하고 있는 셈이었다.

"도대체 인간이 이십 대에 총명하지 않으면 언제 총명할 수 있단 말인가?"

취하면 문어체로 말하는 습관이 밴, 늦깎이 복학생 선배가 소주잔을 격하게 내려놓으며 '너희들의 총기도 그리 특별한 게 못 된다'는 얘길 거듭했을 때도, 두 사람은 비실비실 웃으며 재치 있는 답변만 궁리하고 있었다. 그 누가 어떤 진실을 알려줘도 '맞아, 맞는데… 내 경우엔 아니야'라고 믿던 이십 대 초반의 일이었다.

"안 늙을 줄 알았으니까."

최근 서윤이 맥주병을 매만지며 중얼댔을 때,

"응. 절대로…"

은지가 조그맣게 끄덕인 건 이제 그들도 더 이상 어리다고 할 수만은 없는 나이가 되어서였다. 불과 얼마 전만 해도 어둑한 술집에 죽치고 앉아, 줄담배를 피우며 지적이고 허세 어린 농담을 주고받다 봄 세상이 조금 만만하게 느껴지기도 했는데. 어느 날 자리에서 눈을 떠보니 시시한 인간이 돼 있던 거다. 아무것도 되지 않은 채. 어쩌면 앞으로도 영원히 이 이상이 될 수 없을 거란 불안을 안고. 아울러 은지와 서윤은 알고 있었다. 두 사람은 자신들이 가진 것 중 가장 빛나는 것을 이제 막 잃어버리게 될 참이라는 것을.

처음 여행을 제안한 건 은지였다. 진짜 어른이 되기 전 마지막 사치를 부려보자는 거였다. 한 3일 제주도에 가 회도 먹고 바닷바람이나 쐬고 오자고.

"나 돈 없는데."

서윤이 휴대전화를 턱에 괸 채 〈벼룩시장〉을 넘기며 대꾸하자, 은지는 아무렇지 않게 "나도 없어"라고 말했다.

"그래서? 훔치게?"

서윤이 '한마음 보습학원, 중3 국어, 사회/경력자 우대'란에 동그라미를 치며 물었다.

"아니, 엄마한테 꿀 거야."

"그럼 난?"

"꿍쳐둔 거 없어? 너 학원 2년 넘게 나갔잖아."

사실 서윤에게는 돈이 좀 있었다. 5년 전 교통사고로 돌아가신 할머니가 남겨준 보상금이었다. 학부 시절, 잦은 휴학에 안 해본 아르바이트가 없지만, 서윤이 그 비싼 사립대학의 등록금을 감당할 수 있었던 건 보험금 덕이 컸다. 쌍방과실에, 장례비며 온갖 자질구레한 일을 처리하고 나니 서윤이 손에 쥔 건 기천만 원 남짓이었다. 하지만 그것도 집세와 학비, 생활비로 써 얼마 남지 않은 상태였다. 서윤은 이것저것을 제하고, 할머니의 마지막 유산이랄 수 있는 5백만 원을 정기 예금에 넣어두었다. 그게 혈혈단신 서윤의 전 재산이었다. 서윤은 무슨 일이 있어도 그 돈만은 절대 손대지 않겠다고 다짐했다. 그리고 그 약속을 몇 년째 지켜왔다. 물론 은지도 서윤의 사정을 어느 정도는 짐작하고 있었다. 하지만 지나친 친절이나 배려는 저리 가라고, '그런 건 서윤과 친하지 않은 사람들이나 실컷 하라지'라는 식으로 제 우정을 지켰다. 이윽고 서윤의 망설임을 눈치챈 은지가 능청스레 말했다.

"야, 우리 분단국가에 살잖아."

"근데?"

"언제 전쟁이 날지 모른다고."

"그래서?"

"그러니까 최대한 하루하루를 쾌락적으로 살아야 되는 거야."

"……"

"갈 거지?"

서윤이 몇 초간 침묵하다 대꾸했다.

"아니."

은지는 원하는 게 있으면 움직이는 아이였다. 갖고 싶은 게 있음 사고, 맘에 드는 남자가 있으면 일단 사귀어보는 친구. 헤드라이트를 켜고 야간 운전을 하는 사람처럼, 불빛이 닿지 않는 시야 밖 상황이나 관계를 종종 까맣게 잊어버리기도 하는. 그리고 그게 주위 사람들을 가끔 얼마나 서운하게 만드는지 모르는 녀석이었다. 그리고 서윤은 은지의 그 활력을, 무모를, 낭비와 허영을 사랑했다. 그도 그럴 것이 은지의 행동에는 단순히 충동적이라고만 부르기엔 아쉬운, 진지함과 매력이 있었다. 서윤이 볼 때 은지는 자기를 객관화할 줄 아는 몇 안 되는 사람 중 하나였다. 은지는 허세를 부릴 때에도 그것이 허세인 줄 알고, 탐욕을 부릴 때에도 그것이 탐욕인 줄 알며 스스로에게 우스갯소리를 던지는 친구였다. 달콤한 과육으로 싸여 있지만 단단한 자기 씨를 갖고 있는 아이라고 할까. 반면 서윤은 몸보다 머리가 먼저 움직이는 편이었다. 신중하고 책임감이 강하며 겁이 많은 아이. 메시지보다는 뉘앙스를 중요시 여기고, 뭔가 잘 전달되지 않는 상황 앞에선 디테일을 포기하느니 대화 자체를 중단하겠다고 마음먹는 종류의 인간 말이다. 그리고 은지는 서윤의 그 진지함을, 고민을, 성실과 교양을 좋아했다. 그도 그럴 게 서윤에게는 단지 '건전하다'고만 일컫기에 섭섭한, 상스럽고 아름다운 어떤 감각, 말하자면 은지가 자신을 희화화하는 방식과 비슷한 유머 코드가 있었기 때문이다. 그러니까 일종의 균형 그리고 지렛대가 둘 사이에 있는 셈이다. 아울러 본디 중산층이던 은지네 형편이 2000년대 들어 급속히 나빠진 점도 두 사람이 가까워지는 데 한몫했다.

서윤의 거절로 말미암아 두 사람의 여행 계획은 산뜻하게 무산됐다. 은지는 들뜬 마음을 접고, 대학원에 갈 목적으로 영어 학원에 등록했다. 학부 때 빌린 학자금 대출도 다 못 갚은 상태에서였다. 하지만 은지는 언제나 그래 온 것처럼 인생을 굴러가게 만드는 건 근심이 아니라 배짱임을 믿었다. 두려움을 극복하는 가장 좋은 방식은 두려움을 깔보는 거라고. 실은 본인도 믿지 않는 주문을 외워가며 말이다. 서윤의 경우, 두려움을 이기는 제일 좋은 방식은 두려움을 경험하는 거라 여기는 편이었다. 아니, 그보단 아예 두려움 근처에 가까이 가지 않는 편이 상책이라고. 진짜 공포는 그렇게 쉽게 감당할 수 있는 게 아니라며 말이다. 사실 서윤이 품고 있는 근원적인 두려움 중 하나는 가난이었다. 서윤은 오랫동안 그것이 제 삶 가까이 오지 못하게 흡사 파리 떼를 쫓는 사람처럼 두 팔을 휘저으며 뒷걸음질 쳤다. 혹 그게 누군가에게는 우스꽝스러워 보인다 할지라도. 당장 하지 않으면 안 되고, 할 수 있는 일들을 했다. 최근 서윤은 원장에게 말대꾸를 했다가 학원에서 잘리고, 아르바이트 자리를 알아보는 중이었다. 주로 동네 근처에 있는 호프집과 카페, 패스트푸드점이었다. 하지만 여자 나이 스물일곱이면 '알바' 자리도 쉽게 나지 않는다는 걸 깨달았다. 가게 주인은 더 어리고 고분고분한 학생들을 원했다. 서윤도 이제는 자신이 그 정도 시급에 만족할 수 없다는 걸 알았다. 서윤은 짬짬이 구직 사이트를 뒤지고, 사서 자격증 공부를 하며 시간을 보냈다. 벌써 두 번이나 낙방했지만 포기할 순 없었다. 그리고 그즈음 6년째 사귀어온 남자친구가 서윤에게 이별을 고했다. 결혼 이야기만 빼놓고 모든 이야기가 오갔던, 서윤이 가족처럼 여겨온 사내였다. 서윤은 일주일간 거의 아무것도 먹지 않았다. 그러곤 방 안에 틀어박혀 누구도 만나지 않고, 아무 일도 하지 않으며 잠만 잤다. '넌 내 어디가 좋았어?' '응. 그냥 열심히 사는 게 보기 좋았어.' '뭐라고?' '아냐, 아냐, 으하하.' 짧고 까분 게 엊그제 같은데. 갑자기 그게 농담처럼 느껴지지 않았다. 울고 매달리고 비난하고 다시 애원하길 몇 차례. 칩거 보름째 되던 날, 서윤은 미친 사람처럼 이부자리에서 벌떡 일어났다. 그러곤 곧장 은행으로 달려가, 자신이 목숨처럼 지켜온 정기 예금을 깼다. 서윤은 바로 휴대전화를 꺼내 단축번호 3번을 눌렀다.

"은지야."

"어."

오후 3시인데도 은지가 자다 깬 목소리를 냈다.

"우리 여행 가자."

은지는 잠시 머뭇대다 "그래" 하고 답했다. 그러곤 뭔가 궁리하는 말투로 "근데" 하고 덧붙였다.

"제주도 말고 동남아 어때?"

"갑자기 웬 동남아?"

"같은 값이면 한국에서 5일 놀 돈으로 보름은 쓸 수 있다는데?"

"누가?"

"다빈이가."

다빈은 두 사람과 더불어 국문과 삼총사라 불리는 친구 중 하나였다. 물론 서윤과 은지만큼 막역한 사이는 아니지만. 서윤은 둘보다 셋일 때 즐겁다고 느꼈고, 은지 역시 마찬가지였다. 다빈은 세 사람 중 가장 너그럽고 독립적인 성격을 갖고 있었다. 그래서 곧잘 은지와 서윤의 갈등을 중재해주곤 했다. 세 사람이 영화를 보고 차를 마신 뒤 헤어졌을 때, 은지와 서윤이 각기 다른 이유로 그날 일을 반추해보는 성격이라면, 다빈은 곧장 다른 일에 몰두하는 편이었다. 후회도 반성도 미련도 없이 그때그때 상황에 만족하는 아이. 성숙한 듯 천진하고 개인주의적인 듯 사교적인 친구가 다빈이었다. 자신의 꼭짓점이 두 사람보다는 좀 먼 곳에 놓여 있어, 세 사람의 관계가 어여쁜 정삼각형을 이루지 않는다는 걸 알면서도 다빈이 울적해하지 않는 이유는 그 때문이었다. 다빈은 현재 미국 동부에 있는 대학에서 비교문학 박사과정을 밟고 있었다. 방학 때면 종종 한국으로 와 두 사람을 만나고 메일도 심심찮게 보냈는데 근래 들어 뜸하던 게 소식이 없다가 은지와 다시 연락이 닿은 모양이었다. 은지는 다빈과 트위터로 나눈 대화를 서윤에게 전했다. 다빈의 룸메이트가 하노이 대학 출신인데, 겨울방학을 맞아 다빈을 고국으로 초대했다는 거였다. 만일 제주도에 갈 거면 차라리 그쪽으로 오라고. 하고 싶은 얘기도 많고, 보고 싶어 죽을 것 같으니 공항에서 꼼짝 말고 기다리라고. 아! 이러다 로마가 망했겠구나 싶을 정도로 향락적으로 놀아보자고 했다.

여행 일정은 대략 20일이었다. 태국 찍고, 캄보디아 찍고, 베트남을 거쳐 라오스. 다빈은 중간에 하노이 공항에서 합류하기로 했다. 서윤은 일주일 전부터 꼼꼼히 체크리스트를 만들고 상비약과

자물쇠, 변환 플러그 등을 구입한 뒤 동남아 여행 사이트와 책자를 살피며 하루를 보냈다. 그리고 뜻밖에도 자기가 이번 여행을 꽤 기대하고 있다는 걸 알았다. 서윤으로서는 첫 해외여행이었다. 서윤은 큰맘 먹고 명동에 가 귀여운 원숭이가 그려진 민소매 티셔츠를 하나 샀다. 그러곤 '이건 기분 좋은 날에만 입겠다'는 결심 아래 차분하게 짐을 꾸렸다. 반면 은지는 당일 아침이 돼서야 부랴부랴 짐을 싸 인천공항으로 나왔다. 굽 높은 구두에 속눈썹까지 붙이고서였다. 하지만 비행기 탑승 전, 화장실에서 체육복 바지로 갈아입고, 인공 눈물에, 필름 타입의 구강 청정제, 목 베개까지 챙겨온 게 누가 봐도 여행 베테랑이었다. 은지의 능숙함은 출국 심사대를 통과한 뒤에도 빛을 발했다. 은지는 미로 같은 공항 내부를 잘 꿰고 있었고, 복잡한 매장 사이도 동네 구멍가게처럼 누볐다. 서윤은 은지 뒤를 졸랑졸랑 쫓아다니며 모든 것을 신기하게 둘러봤다. 한 나라와 다른 나라 사이에 바다와 하늘만 있는 줄 알았는데, 면세점이 있었다. 서윤은 친구를 따라 세계적으로 1분에 몇천 개가 팔린다는 에센스 하나를 샀다. 평소 같으면 이것저것을 꼼꼼하게 따져본 뒤 몇 번이나 들었다 놨을 텐데. 공항 안의 쾌적한 공기가 살갗에 닿자 화폐 감각이 무뎌지며 배짱이 생겼다.

비행기는 대만을 경유해 방콕에 도착했다. 현지 시간으로 밤

10시가 다 되어서였다. 입국 심사대에서부터 이국의 낯선 공기가 훅 밀려왔다. 향신료 같기도 하고, 오래된 카펫 냄새 같기도 한 무엇이었다. 은지는 캐리어를 찾자마자 '어휴, 얼굴 찢어지는 줄 알았네'라고 하며 가방에서 미스트를 꺼내 뿌렸다. 그러곤 서윤의 얼굴에도 같은 걸 칙칙 쐬주었다. 서윤은 이성과 입 맞출 때 그러는 것처럼 두 눈을 감았다. 그러곤 '무릇 여자들의 우정이란 이런 것이지' 끄덕거렸다. 두 사람은 화장실에 가 두꺼운 외투를 벗고 여름옷으로 갈아입었다. 그러곤 환전을 한 뒤 공항 밖으로 나왔다. 숙소는 아직 정해지지 않은 상태였다. 서윤은 멀찍이서 은지가 택시 기사와 서툰 영어로 흥정하는 모습을 지켜봤다. 서윤이 알아들을 순 있어도 따라 할 순 없는 기초 회화였다.

"4백 바트라는데?"

"어? 어."

서윤이 태국 지폐를 꺼내 은지에게 건넸다. 그러곤 문득 자신이 벌써부터 은지의 영어에 의지하고 있음을 느꼈다. 외국인과 단둘이 있다면 어떻게든 얘기해볼 수 있을 텐데. 같은 한국 사람이 곁에서 자신의 영어를 '평가'하고 있다 생각하니 쉽게 입이 떼어지지 않았다. 그리고 그것은 앞으로 두 사람이 겪을 불화의 작은 씨앗이 될 터였다.

한밤의 카오산 로드는 어둡고 음산했다. 두 사람은 전 세계 양아치들의 추파를 한 몸에 받으며 이국의 뒷골목을 헤매었다. 휴가철인 데다 너무 늦은 시간에 도착해 방 구하기가 쉽지 않았다. 금목걸이를 한 백인 사내가 '어디서 왔냐'며 서윤 뒤를 어슬렁 따라왔다. 술 취한 몇몇은 '어디 가냐?' '도와줄까' 등의 영어를 남발하며 휘파람을 불었다. 그때마다 서윤은 일일이 목례를 해가며 어설픈 미소로 '노 땡큐'라 답했다. 은지는 서윤의 그런 태도가 못마땅했지만 내색하지 않았다. 은지가 볼 때 서윤은 아까부터 이들을 지나치게 상냥하게 대하고 있었다. 외국인도 사람이고, 그중에는 분명 나쁜 사람도 섞여 있을 게 분명한데 말이다. 반면 서윤은 은지가 타인에게 좀 무례하게 군다 싶었다. 특히 서비스업에 종사하는 사람들과는 눈도 마주치지 않고 주문에만 열중하는 게 다소 거만해 보이기까지 했다. 하지만 우선 숙소를 잡는 게 중요했다. 두 사람은 숨 막히게 후텁지근한 거리를 떠돌며 호텔 간판을 바지런히 살폈다. 누군가 큰 소리로 "곤니치와!"라 외쳤다. 은지가 "야밤에 웬 곤니치와?" 하고 삐죽거렸다. 얼마 뒤 저쪽에서 "아가씨 예뻐요!"라고 소리쳤다. 서윤은 모국어에 데이기라도 한 듯 화들짝 놀라 주위를 둘러봤다. 현지 청년 몇 명이 오토바이에 기댄 채 쪼개고 있었다. 서윤은 자기도 모르게 배낭을 꽉 부여잡았다. 은지가 "과연 우리는 국제적으로 쉬워 보이는 얼굴들이란 말인가" 하고 농담을 했지만 긴장하긴 그녀도 마찬가지였다. 두 사람은 겁먹은 티를 내지 않으려 애쓰며 갈 길을 재촉했다. 하지만 은지의 캐리어가 보도블록에 걸리고 자빠지는 바람에 걸음이 자꾸 지체됐다. 은지의 가방은 엄청난 바퀴 소리를 내며 굴러갔고 불필요한 이목을 끌고 있었다. 서윤은 은지보다 조금 앞서 걸으며, 또 간간이 친구의 걸음에 보조를 맞추며, 앞으로 은지의 캐리어가 골칫덩이가 될지도 모른다는, 혹은 자기가 그것을 미워하게 될지도 모른다는 불길한 예감에 휩싸였다. 본인도 어느 정도 은지의 물건에 신세를 지고 있었으면서 말이다.

두 사람이 바가지요금을 물고 어렵게 들어간 곳은 '프렌들리'라는 이름의 게스트하우스였다. 킹사이즈 침대 하나에 선풍기 한 대, 비린내가 풍기는 욕실이 겸비된 방이었다. 문을 열자 천장 위에 있던 도마뱀 두 마리가 커튼 뒤로 휘리릭 몸을 숨겼다. 순간 서윤의 얼굴이 흙빛으로 변했다. 은지는 "캄보디아에는 호텔에도 도마뱀이 있대"라고 말하며 친구를 다독였다. 두 사람이 제일 먼저 한 일은 짐 정리였다. 방이 좁아 서윤은 바닥에서 은지는 침대에서 여장을 풀었다. 서윤이 갈아입을 옷과 세안도구를 꺼내는 데는 오랜 시간이 필요하지 않았다. 하지만 은지는 뭐가 잘못됐는지 캐리어의 지퍼를 붙들고 한참 씨름했다. 얼마 뒤 은지의 캐리어가 큰 한숨을 토하듯 아가리를 활짝 벌렸을 때, 서윤은 친구의 가방이 왜 그렇게 뚱뚱했는지 비로소 이해할 수 있었다. 거기에는 온갖 장신구와 신발, 옷가지, 화장품들이 들어 있었다. 물론 서윤의 배낭에도 그런 게 없는 것은 아니었다. 하지만 은지의 가방엔 각기 다른 디자인의 샌들이 세 켤레나 들어 있었다. 모자도 옷도 마찬가지였다. 이건 유적지에서 입을 셔츠, 이건 레스토랑용 원피스, 이건 술집에서 걸칠 볼레로… 종류도 쓰임도 가지가지였다. 은지가 앙증맞은 비키니 상의를 집어 들어올렸다.
"예쁘지? 네 것도 가져왔어."
그러곤 선글라스 두 개를 콘솔 위에 올리며 다정하게 말했다.
"혹시 안 가져왔으면 이것도 빌려줄게."

사실 은지의 캐리어가 무거운 이유는 따로 있었다. 그녀의 가방에는 아이팟과 충전기 그리고 커다란 아이팟 도킹용 스피커가 들어 있었다. 서윤은 넋 나간 표정으로 은지의 옷 사이에 밀수품처럼 섞여 있는 전자 기기들을 내려다봤다. 여행 중 엠피스리나 시디플레이어를 가져오는 사람은 봤지만, 음향 기기까지 챙겨오는 인간은 처음이었다. 그것도 손바닥만 한 사이즈가 아니라 『우리말 대사전』만 한 크기의 스피커가 양쪽에 달린 것을 말이다. 서윤은 여행 중 음악이 팬티보다 중요하다고 생각하는 사람이 아니었기에 단 한 장의 음반도 가져오지 않은 참이었다.

"왜? 아예 오디오를 가져오지?"

"그지? 시디가 음질은 확실히 좋은데."

예전에도 서윤은 '나는 음악 없이도 살 수 있을 거 같아'라고 고백했다가 은지로부터 고생대 파충류 취급을 받은 적이 있었다. 그때 은지는 세상에서 제일 충격적인 얘기라도 들은 양 펄쩍 뛰었다. 그리하여 지금, 서윤에게 미비하나마 어떤 음악적 지식이라 할 만한 게 있다면 그건 모두 은지로부터 받은 거였다. 은지는 틈날 때마다 서윤에게 시디를 구워주고, 각 장르와 가수의 특징과 역사에 대해 설명해주곤 했다. 엘리엇 스미스가 어떻게 죽었는지, 빌리 홀리데이가 인생 막장에 찾아간 사람이 누구인지, 〈심슨 가족〉에 웃통 벗고 나오는 밴드는 또 누구인지 그 모든 걸 서윤은 은지에게 들었다. 그리고 그런 얘기를 할 때 고개를 살짝 기울이는 은지 모습이 퍽 멋지다고 생각했다. 두 사람이 막 친해졌을 때도 그 자리엔 음악이 있었다. 돈은 없고, 갈 데도 없고, 시간은 많아, 뭘 해야 할지 몰랐던 신입생 시절. 두 사람은 인근 대학 캠퍼스를 배회하고 있었다. 그리스 양식을 흉내 낸 모 대학의 원형 극장에서였다. 두 사람은 선득한 돌계단에 앉아, 이어폰을 한 짝씩 나눠 꽂은 채 머리를 맞댔다. 그러곤 은지의 시디플레이어로 모과이의 「서머Summer」를 들었다. 날이 맑아 하늘에는 총총 별이 있고, 여름

미풍에 가슴이 널을 뛰는 게, 아무나 막 사랑해버리고 싶던 밤. 서윤은 어둡고 텅 빈 원형 극장 가장자리에 앉아, 「서머」의 전자 기타 음에 빠져 흥분한 채 말했다.

"있잖아, 머리 위로 우주가 쏟아지는 거 같아."

그러니까 좀 생뚱맞긴 해도, 은지가 스피커를 가져온 것에 서윤이 반대할 이유는 전혀 없었다. 사실은 좀 기쁘기까지 했다. 소리에도 겹이 있다는 것. 좋은 스피커를 통과한 소리는 음악이 아니라 건축이 된다는 것. 그것도 그냥 건물이 아니라 대성당이 된다는 걸 서윤도 어렴풋이 경험해봤기 때문이다. 샤워 후, 서윤의 기분은 한결 좋아졌다. 음향 기기의 모든 세팅을 마친 은지 역시 마찬가지였다. 두 사람은 타이 맥주 '싱하'를 마시며 엠피스리플레이어를 타고 돌아가는 음표의 소용돌이에 몸을 맡긴 채 희희낙락거렸다. 그러곤 밤새 수다를 떨며 '우리가 싸울 일이 있을까?' 천진하게 자부했다.

둘째 날도, 셋째 날도 마찬가지였다. 출국 후 며칠 동안 둘 사이가 그렇게 좋았던 때도 없었다. 처음 태국에서의 4일이 특히 그랬다. 은지와 서윤은 매일 맥주를 마셨고, 수영복을 입고 서로의 몸매를 비난하며 깔깔댔다. 어느 날엔가는 퇴폐업소에 잘못 들어갔다가 얼렁뚱땅 시원찮은 타이 마사지를 받았고, 똠양꿍 맛 컵라면

과 수박 주스, 3달러짜리 스테이크를 먹으며 '싸다! 싸다!'를 연발했다. 그뿐만이 아니었다. 두 사람은 한밤중 이국의 다리 위에 서서, 누가 알아듣지 못한다는 이유만으로 차마 입에 담기 상스러운 단어를 '야호' 하듯 외쳤다. 그런 뒤 더 외칠 말이 없나 싶어 세상에서 가장 추잡하고 더러운 단어를 떠올리려 애를 썼다. 급기야 저 속함이라면 절대 지고 싶어 하지 않는 은지가 선수 치듯 외쳤다.

"빠구리!"

그러자 낯선 나라의 밤하늘 위로 '빠구리 - 구리 - 구리 - ' 하는 메아리가 아름답게 퍼져 나갔다. 서윤이 배를 잡고 웃으며 은지를 따라 했다.

"빠구리!"

상말을 뱉고 난 뒤 얼굴이 갓 맑아진 은지가 가쁜 숨을 몰아쉬며 말했다.

"다빈이도 있었으면 좋았을걸. 그치?"

서윤이 코맹맹이 소리로 대꾸했다.

"응. 진짜."

회비는 각각 120만 원씩 걷은 상태였다. 밤마다 서윤은 그날 지출 목록을 꼼꼼하게 정리하고 일기를 썼다. 은지는 한국에 있는 남자친구와 통화를 하거나 책을 읽었다. 둘 다 국제전화 로밍을 해오지 않아 필요할 때면 공금이 아닌 개인 요금을 무는 방식으로 호텔 전화를 썼다. 하지만 아직 서윤은 누구에게도 전화를 한 적이 없었다. 좀더 정확히 말하자면 걸 데가 없었고, 건다 해도 받아줄지 확신이 서지 않았다. 한 날 남자친구와 통화를 마친 은지가 물었다.

"넌 경민이한테 전화 안 해?"
서윤은 디지털 카메라에 담긴 사진을 넘겨 보며 무심하게 답했다.
"응."
"왜? 경민이가 안 서운해해?"
"응. 요금 많이 나온다고, 한국 오면 하래."
서윤은 수첩을 꺼내 자연스레 말을 돌렸다.
"나 일기 썼는데, 한번 들어볼래? 여행 중 너에 대해 느낀 점을 적어본 거야."
"그래? 어디 한번 읊어봐!"
"내가 본 서은지. 추위와 더위에 약하고 배고픔 등 욕구가 해결되지 않으면 정신병자처럼 군다. 게으르고 충동적이지만 자기가 원하는 것을 할 땐 차분하고 이성적으로 바뀐다. 선택이 빠르고 실패를 두려워하지 않는다. 오래 걷는 것을 싫어한다. 길눈이 밝고 공간 감각이 뛰어나다. 손에 무거운 거 들고 다니는 걸 싫어한다. 고기와 커피를 좋아한다…"

은지는 서윤의 낭독을 심각하게 듣고 있다, 고개를 끄덕이며 '오, 맞는데?' 하고 대꾸했다. 그런 뒤 '아, 그러고 보니 나도 적어놓은 거 있다'라고 말하며 노트를 펼쳤다.

"내가 본 이서윤…"

서윤이 기대감에 찬 얼굴로 은지를 바라봤다. 좋든 나쁘든 자신이 객관적으로 평가되는 경험은 언제나 흥미로운 일이었다. 이윽고 은지가 낭창한 목소리로 말했다.

"팬티를 자주 갈아입는다. 팬티를 자주 빤다."

"……"

그날만이 아니었다. 서윤은 기분이 좋을 때마다 은지에게 자기가 쓴 일기를 노래하듯 읽어줬다. 주로 샤워를 마치고 잠들기 전 음악을 들을 때였다.

"태국에 와 있다. 우리는 틈나는 대로 딴 나라말을 하고 있다. 이곳에서 내 나라말을 딴 나라말이라 불러보니 좋다. 고국에서는 한국어를 '하는' 혹은 한국어가 '있는' 느낌이었는데, 외국서는 '한국어를 가지고 다니는' 기분이다."

"숙소를 옮겨 기쁘다. 내가 수세식 변기에 이렇게 기뻐하는 사람일지 몰랐다."

"태국의 신은 그들의 교인처럼 모두 몸매가 좋다. 나일론 끈 팬티를 파는 노점상인도, 뚝뚝이를 모는 청년도, 외국인의 관절을 꺾는 마사지사 언니도, 반바지가 귀여운 남고생도 모두 신의 아이들이다."

은지는 친구의 직관력과 표현을 칭찬하며 서윤을 치켜세워줬다. 그러곤 가끔은 이견을 내거나 제 감상을 보탰다. 은지는 서윤이가 예민하고, 감탄을 잘하며, 뭔가 내면의 변화가 생기면 그걸 반드시 누군가와 나누고 싶어 하는 아이란 걸 확인했다. 그리고 그 상대가 자기란 게 기뻤다. 두 사람은 방콕의 시암 광장과 시체박물관과 아유타야 사원 등을 둘러보고, 사진을 찍고, 맥주를 마셨다. 숙소는 세 번 정도 바꿨고, 그 사이 예산의 3분의 1 정도를 썼다. 그리고 그 모든 여정의 처음과 끝에 엄청난 음향 장비를 싸고 푸는 일종의 '의식'이 있었다. 시간이 지날수록 쇼핑 목록은 점점 늘어갔고, 은지의 캐리어 또한 폭발 직전의 풍선처럼 거대하게 부풀어 올랐다. 아침마다 은지가 지퍼를 잡고 있는 동안 서윤은 은지의 가방 위에 올라타, 그것이 좀더 잘 닫힐 수 있도록 자신의 무게를 실어주었다.

캄보디아에서의 여정도 비교적 순조로운 편이었다. 돈 관리는 서윤이, 버스나 숙소 예약은 주로 은지가 맡았다. 은지는 길눈이 밝아 초행길이라도 긴장하는 법이 없었다. 서윤은 지도를 보고 어디든 척척 찾아내는 은지가 미더웠고, 그 뒤를 졸래졸래 따라다니며 길 참견을 하는 자기가 좋았다. 하지만 갈등은 사소한 데서 시작됐다. 얼핏 보면 별거 아닌 문제들이지만, 그런 것이 차곡차곡 쌓이자 어느새 두꺼운 벽이 되었다. 캄보디아로 가는 중 봉고에서 서윤이 말실수를 했다. 흰색 아오자이를 입은 베트남 여대생들이 '영어 할 줄 아느냐?'고 물어왔는데, 은지가 대꾸하기 전 서윤이 섣불리 '아임 낫 잉글리쉬 웰'이라 답해버린 것이다. 그 말을 들은 베트남 아가씨들은 조그맣게 키득댔다. 순간 은지의 얼굴이 빨개졌지만 서윤은 눈치채지 못했다. 봉고는 네 시간가량 질주해 캄보디아에 도착했다. 차에서 내리자마자 은지는 장시간 오줌을 참다 마침내 변기 위에 앉은 사람처럼 말했다.

"아임 낫 잉글리쉬 웰I'm not english well이 아니라 아이 캔트 스피크 잉글리쉬 웰I can't speak english well이야."

서윤은 몹시 부끄러움을 느꼈다. 그러곤 '나쁜 년, 내가 한국 가면 제일 먼저 영어 공부부터 한다'고 다짐했다. 잘생긴 외국인이 인사를 건넸을 때, 소극적인 동양 여자의 표정으로 미소만 지어야 하는 처지가 본인도 속 터지던 참이었다. 하지만 실수는 반복됐다. '죄송하다'는 뚝뚝이 기사의 말에, '괜찮아요that's all right'라고 할 것을 '네 말이 맞다that's right'라 하거나, 'a'를 붙일 곳에 'the'

를 갖다 대는가 하면, 툭하면 시제를 잘못 쓰는 식이었다. 반면 은지는 단순한 영어라도 훨씬 재치 있게 사용했다. '어디서 왔냐'는 미국 남성의 뻐꾸기에 '아임 프롬 헤븐 I'm from Heaven'이라 답해 상대를 웃게 하는 식이었다. 그때마다 서윤은 은지의 옆에 서서 애매한 미소를 지었다. 그리고 점점 은지가 자신이 통역해달라 부탁하는 말들을 귀찮아하고 있음을 느꼈다. 하지만 그때까지만 해도 그런 건 그렇게 큰 장애가 아니었다. 둘의 관계가 냉랭해진 근본적인 이유는 두 사람의 성격과 시각 차이에 있었다. 서윤은 어느 순간 여행 내내 물통을 자기가 들고 다녔다는 사실을 깨달았다. 같이 마시는 물이고, 관광 중엔 은지도 거의 빈손으로 움직였는데, 녀석이 그걸 모르는지 모르는 척하는 건지 한 번도 '내가 들까?' 묻지 않았던 거다. 서윤도 '이번에는 네가 들어'라고 하면 될 것을, '언제까지 그러나 보자'라는 식으로 꽁하게 버텼다. 한편 은지는 서윤이 유적지에서 내뱉는 감상들이 다소 피곤하게 느껴지던 참이었다. '어쩜 얘는 저런 관념적인 말들을 스스럼없이 하지?' 싶었고, '그걸 또 일일이 다 표현해야 하나' 못마땅했다. 이를테면 앙코르 톰에 솟은 거대한 두상을 보고 "신의 얼굴이 무서운 건 아마 인간의 얼굴과 닮았기 때문이 아닐까?"라고 한다거나 "야! 근사하다. 이 나라 사람들 문화적 자신감이 상당했나 봐. 웬만해선 딴 동네 부족들 우습게 봤을 것 같아" 하고 동의를 구하는 모습이 그랬다. 은지는 속으로 '어우, 진짜 나니까 들어준다' 했다. 서윤이 은지에게 서운한 건 더 있었다. 이따금 꺼내 입은 민소매 옷, 그러니까 서울에서 사 온 원숭이 티셔츠를 보고 어느 날 은지가 대뜸 "그거 안 입으면 안 돼?"라고 말한 것이다. 서윤이 "왜?"라고 묻자 은지는 망설이다 "그냥 좀 웃긴 거 같아서"라고 답했다. 은지는 정말 악의 없이 던진 거였는데 그 말은 서윤에게 커다란 상처가 됐다. 서윤은 그날 이후로 그 옷을 꺼내 입지 않았다. 그러곤 자신의 감정을 과장하기 시작했다.

'얘는 캄보디아 어린이들이 불쌍하다고 아무 때고, 그것도 공금으로, 덥석덥석 적선하면서, 정작 자기 옆에 있는 사람에 대한 배려나 관심은 조금도 없구나.'

서윤은 자신이 점점 치졸한 인간이 되어가고 있음을 느꼈다. 그러면서도 마음속으로 끊임없이 은지에 대해 불평하는 걸 멈출 수 없었다. 특히 은지가 아침마다 끙끙대며 짐을 꾸릴 때나, 창백해진 얼굴로 캐리어를 천형처럼 이고 다닐 때마다 부아가 치밀었다. 처음에는 덩치 큰 여행 가방을 끌고 다니는 모습이 귀여웠는데, 점차 답답하게 느껴졌고, 막판에는 목을 조르고 싶은 충동에 휩싸였다. 아니나 다를까, 앙코르와트에 도착했을 때 은지의 캐리어 바퀴가 덜컥 나가버렸다. 스피커를 비롯해 온갖 물건의 하중을 견디지 못하고 결국 망가져버린 거였다. 은지는 서윤의 눈치를 보며 공금을 좀 빌려달라고 했다. 두 사람 다 신용카드가 없는 데다 그 상태론 아무 데도 갈 수 없어서였다.

"그럼 나머지 예산은 어쩌고?"

은지가 '다빈이 만나면 말해보자'고 했다. 은지와 서윤은 각자의 불만에 대해 터놓고 얘기해본 적이 없었다. 하지만 둘 사이의 공기가 미묘하게 바뀌었다는 건 두 사람 다 알고 있었다. 말하자니 쩨쩨하고, 숨기자니 옹졸해지는 무엇. 그 속에서 13세기 크메르 양식의 절정이나 오래된 나무의 아름다움, 혹은 앙코르 여신의 젖가슴을 지나 이제 막 그들의 뺨에 닿는 바람 따위는 아무 의미가 없었다. 그들은 어느새 '어서 한국으로 돌아갔으면' 하고 바랐다. 아니, 그보다는 베트남에서 합류하기로 한 다빈을 빨리 만나고 싶어 했다. 그러면 모든 게 제자리로 돌아갈 텐데. 그리고 아무 일도 없던 양 다시 유쾌하게 여행을 즐길 수 있을 텐데 하고.

캄보디아에서의 마지막 날이었다. 이른 아침, 은지가 갑자기 숙소를 옮기자고 했다. 서윤이 귀찮은 듯 '왜 그러느냐'고 묻자, 은지는 이 집엔 한국 사람이 너무 많아서 싫다고 했다. 객실도 좁고 서비스도 별로인 것 같다고. 서윤은 '어디 봐둔 데라도 있어?'라고 물었고, 은지는 '근처에 괜찮은 데가 있다'며 서윤을 잡아끌었다. 재미있는 사연이 있는 곳인데 꼭 한 번 가보고 싶다고.

"무슨 사연?"

은지가 비밀스러운 미소를 지었다.

"일단 가봐."

두 사람이 도착한 곳은 '니약 따 NEAK TA'란 이름의 3층짜리 낡은 호텔이었다. 딱 봐도 30년은 족히 넘어 보이고, 어딘가 을씨년스러운 분위기를 풍기는 건물이었다. 호텔 주위는 이상하리만치 깨끗하고 조용했다. 두 사람은 현관 앞에 세워진 녹슨 물소 동상을 지나 로비로 들어섰다. 부드럽고 세련된 인상의 카운터 직원이 미소 지었다. 캄보디아인이 분명한데, 어쩐지 현지인으로 보이지 않는, 차가우면서도 부드러운 관상을 가진 아가씨였다. 로비 왼편으로 웬 백인 청년 하나가 상의를 벗은 채 영자 신문을 읽고 있는 모습이 보였다. 의자에 팔을 걸친 탓에 햇살 아래 드러난 금빛 겨드랑이 털이 찬란하게 빛났다. 은지는 카운터로 가 호텔 직원과 몇 마디 대화를 나눴다. 여자가 영어 발음을 하도 굴려, 처음에는 도통 이해할 수 없었지만, 거기 방 값이 다른 곳에 비해 두 배 이상 비싸다는 것 정도는 알아챌 수 있었다. 서윤은 호텔 직원이 은지를 깔본다는 사실을 눈치챘다. 행색 때문인지 영어 때문인지는 알 수 없었다. 서윤은 마음속으로 '치이, 그래도 우리나라가 더 잘사는데' 하고 투덜댔다. 얼마 뒤 은지가 멀찍이서 캐리어를 지키고 서 있는 서윤에게 다가왔다.

"120달러라는데?"

서윤이 눈을 둥그렇게 떴다.

"왜 그렇게 비싸?"

"얘기했잖아. 이 건물에는 사연이 있다고."

서윤이 채근했다.

"그러니까 그게 뭐냐고."

"있지, 어제 가이드 언니한테 들은 건데, 이 집에서 묵으면 자기가 평소 보고 싶어 한 사람을 만날 수 있대."

서윤이 살짝 짜증 어린 한숨을 내쉬었다.

"그게 무슨 소리야?"

"진짜 그렇다니까."

"아니, 그러니까 보고 싶은 사람을 여기서 어떻게 보냐고. 그 사람이 여기까지 날아와? 얘가 무슨 말도 안 되는 소릴 하고 있어."

"아냐. 내 말 끝까지 들어봐. 헛소문이 아니라 진짜 그런 일이 자주 생긴다나 봐. 여행 사이트에도 심심찮게 올라온 얘기라는데?"

"야! 됐어. 난 또 뭐라고. 딴 데 가. 딴 데."

"서윤아, 나 여기 꼭 묵고 싶어. 응? 우리 오늘 여기서 자자. 한 번만. 응?"

"싫다니까."

"내가 언제 이렇게 부탁하는 거 봤어?"

"은지야. 그거 다 상술이야. 우리 돈도 거의 다 떨어졌잖아."

"아니야. 정말 그렇대. 더욱이 누군가 만난다 해도 그냥 보통 사람을 보는 게 아니래."

"…그럼 뭘 보는데?"

"있지, 이 집에서 자는 사람은 말이야."

"어."

"주위에 죽은 사람 중 자기가 가장 보고 싶어 하는 사람을 본대."

"……"

두 사람이 배정받은 곳은 2층 맨 끝 방이었다. 서윤은 마지막까지 '니약 따'에 들어가는 걸 완강히 거부했다. 하지만 은지가 하도 끈질기게 부탁하는 바람에 손을 들어줄 수밖에 없었다. 안 그래도 은지랑 어색한데 이런 일로 괜히 불편해지고 싶지 않았다. 그나저나 귀신이라니. 은지는 왜 그런 말도 안 되는 소문을 믿고 있는 걸까? 서윤은 객실 곳곳을 수상하게 훑어봤다. 그러곤 바깥 날씨에 비해 지나치게 서늘한 실내 공기를 언짢아하며 '하루만 참자' 다짐했다.

이날 오후는 훌쩍 지나갔다. 뚝뚝이 한 대를 전세 내 시내에서 멀리 떨어진 유적지 두어 곳을 휘이 둘러보고 나니 날이 금방 저

물었다. 서윤은 실제 나이보다 훨씬 늙어 보이는 뚝뚝이 기사에게 팁으로 1달러를 줬다. 3일간 두 사람을 안내한 덕에 제법 친밀감을 갖게 된 '썸냥'이란 이름의 청년이었다. 썸냥은 제 또래의 한국 여자가 자신에게 담배와 음료수를 사주고 상냥하게 대해주는 것을 고맙게 생각했다. 그래서 숙소로 돌아오기 전, 이들을 지저분한 노점으로 데려가 전통 음료와 닭꼬치를 사주었다. 딴에는 서윤과 은지를 '친구'로 생각한다는 뜻이었다. 돌아오는 길, 은지는 지는 해를 가리키며 썸냥에게 "캄보디아 말로 태양은 뭐라고 하니?" 하고 물었다. 썸냥은 노랗고 불규칙한 치아를 드러내며 "크나이!"라고 답했다. 서윤은 썸냥을 따라 조그맣게 "크나이" 하고 중얼거렸다. 그러곤 자신이 태국이나 캄보디아에서 한 번도 그 나라말을 배워 보려 하지 않았다는 사실을 깨달았다. 두 사람은 숙소로 돌아와 콧구멍과 귓바퀴를 비롯해 온몸에 낀 흙먼지를 구석구석 씻어냈다. 서윤이 몸에 타월을 두르고 나왔을 때, 은지는 음악을 틀어놓은 채 남자친구와 통화를 하고 있었다. 은지는 종달새 같은 말투로 남자친구에게 애교를 부리며 "보고 싶다"고 했다. 서윤은 침대에 엎드려 일기를 썼다. 물론 예전처럼 자기가 쓴 걸 은지에게 읽어주지는 않았다. 은지 쪽에서도 먼저 청할 마음은 없는 듯했다. 두 사람은 각자 어색하게 제 할 일을 했다. 은지는 서윤이 혹 노트에 자기 욕을 쓰고 있는 건 아닌지 신경 쓰였다. 본인도 상대에 대한 불만이 한가득했던 터라 그런 의심이 들었다. 사실 은지가 고국에 돌아가자마자 제일 먼저 하고 싶은 일은 남자친구에게 서윤의 흉을 찢어지게 보는 것이었다. 어느 정도 그 다짐이 은지를 버티게 해주고 있었다. 한편 서윤은 헤어진 남자친구를 떠올리고 있었다. 자기한테 그렇게 모질게 굴었는데, 난생처음 외국에 와 맛있는 음식을 먹고 좋은 풍경을 보니 경민이 생각이 났다. 왜 경민이랑은 그 흔한 제주도 한 번 갈 생각을 못 해봤을까 하고. 서윤은 여행 도중 딱 한 번 경민에게 전화를 건 적이 있었다. 그것도 한밤중에 공중전화로 은지 몰래 건 거였다. 수신번호가 낯설어 그랬는지 저쪽에선 금방 전화를 받았다. '그러지 말자' 수없이 다짐했건만, 서윤은 경민의 목소리를 듣자마자 평소 자기라면 절대 하지 않았을, 지금 생각해도 얼굴이 화끈거리는 유치한 질문을 했다.

"너 나 만나서 불행했니?"

그러곤 곧장 자신의 행동을 후회했다. 저쪽에서 긴 침묵이 이어졌다. 초조해진 서윤이 황급히 변명하려는 찰나 경민이의 나직한 목소리가 들려왔다.

"아니."

"……"

"그런 거 아니었어."

"……"

"힘든 건 불행이 아니라… 행복을 기다리는 게 지겨운 거였어."

은지는 엠피스리플레이어에서 「골드베르크 변주곡」을 찾아 재생 단추를 누른 뒤 불을 껐다. 은지는 새우잠을 자듯 모로 누워 스피커에서 흘러나오는 연주곡을 경청했다. 그러곤 '1700년대 바흐가 작곡한 음악을, 2000년대 캄보디아에 온 한국 여자가 1900년대 글렌 굴드가 연주한 앨범으로 듣는구나' '이상하고 놀랍구나' 하고 생각했다. 세계는 원래 그렇게 '만날 일 없고' '만날 줄 몰랐던' 것들이 '만나도록' 프로그래밍돼 있는 건지도 모르겠다고. 하지만 은지가 굳이 이 곡을 튼 이유는 따로 있었다. 서윤이 이 음악을 좋아한단 사실을 알아서였다. 두 사람은 침대에 누워 멀뚱 천장을 바라봤다. 그러곤 한동안 아무 말도 하지 않았다. 얼마 뒤 먼저 입을 뗀 것은 서윤이었다. 서윤은 무슨 암호 같은 말을 조그맣게 내뱉었다.

"남신의주유동박시봉방…"

은지가 베개에서 머리를 들었다.

"뭐?"

"백석 시잖아. 아내도 없고 집도 없고 한 상황에 무슨 목수네 헛간에 들어와서 천장 보고 웅얼거리는…"

"난 또… 근데?"

"이게 신의주 어디 박시봉 씨네 주소를 그대로 적은 거잖아?"

"그렇지."

"고등학교 때 그 설명을 듣는데 그게 좀 먹먹하게 다가오더라고. 제목이 주소라는 게."

"……"

"뭐라더라, 시적 화자니 주제니 이런 건 모르겠고, 그냥 이 시를 떠올리면 좁고 어두운 공간에 갇힌 한 남자가 생각나. 자기가 누워 있는 초라한 장소의 주소를 반복해서 중얼대는 사내가."

"……"

"그리고 낯선 데서 자게 되면 나도 모르게 그 주소지를 따라 부르게 돼. 남신의주유동박시봉방… 남신의주유동박시봉방… 하고."

"왜?"

"몰라. 궁금해서 자꾸 웅얼거리게 되는가 봐. 따라 하다 봄 쓸쓸하니 편안해지기도 하고."

"너는 과연…"

은지가 짓궂게 놀려댔다.

"국문학도로구나."

다시 긴 정적이 흘렀다.

"은지야."

"응?"

"여기 왜 오자고 그랬어?"

은지가 활달하게, 그리고 진심으로 말했다.

"응? 귀신 보고 싶어서."

"진짜?"

"응."

"너는 어떤 귀신 만나고 싶은데?"

"몰라. 백석 만날까? 하아. 딱히 생각나는 사람은 없는데. 그러니까 더 궁금해지더라고. 누가 오려나."

"안 무서워?"

"응."

은지가 두 눈을 깜빡이며 물었다.

"그럼 너는 누구 보고 싶은데?"

서윤이 망설임 없이 단호하게 답했다.

"나는 아무도 안 만나고 싶어."

한밤중 서윤은 이상한 기운에 눈을 떴다. 어렴풋이 실눈을 떠 주위를 둘러봤지만 어두워 아무것도 보이지 않았다. 어디선가 끼이익- 끼이익- 불길한 소리가 났다. 누군가 오래된 나무 계단을 밟고 한 발 한 발 올라오는 기척이었다. 그것은 점점 서윤 쪽 객실로 다가오는 듯했다. 은지를 깨우려 했지만 몸이 말을 듣지 않았다. 드르륵- 드르륵- 정체를 알 수 없는 그것의 움직임은 계속됐다. 그 꺼름칙한 소리는 점점 커지더니 이윽고 서윤 앞에 뚝 멈췄다. 온몸에 소름이 돋는 게 오싹했다. 동시에 침실 주위가 환해지더니 별안간 캄보디아의 시골 마을로 변했다. 서윤은 이글거리는 붉은 노을을 보고 겁에 질린 듯 '크나이…' 하고 중얼댔다. 이윽고 아까부터 드르륵 소리를 낸 존재가 모습을 드러냈다. 서윤은 '그것'이 무언지 알아채자마자 가슴이 터질 듯한 슬픔에 휩싸였다. 그리고 그때부터 주체할 수 없는 눈물이 쏟아지기 시작했다. 그것은… 5년 전 돌아가신 할머니였다. 할머니는 한 손으로 손수레를 끌고 있었다. 그러곤 손녀가 자기를 바라보고 있다는 사실도 모른 채 거리에서 폐지를 주웠다. 몇 걸음 가다 허리 숙여 상자를 줍고, 다시 몇 발짝 가다 신문을 그러모으는 식이었다. 한쪽 다리가 불편해 절름거리며 골목 안을 누비는 게 살아 계실 적 모습 그대로였다. 서윤의 객실은 곧 대형마트의 '자율 포장대'로 바뀌었다. 할머니는 5백 원짜리 빨랫비누 하나를 사 대형 박스에 담은 뒤 주위를 연신 두리번거리며 다른 상자를 계속 구겨 넣고 있었다. 물건을 포장하는 척 종이 상자를 수집하는 거였다. 서윤의 양볼 위로 뜨거운 눈물이 사정없이 흘러내렸다. 생전에 폐지를 모아 자신을 키운 할머니 생각이 나 그런 건 아니었다. 할머니가 자기를 못 알아보는 게 서운해 그러는 것도 아니었다. 서윤이 그토록 서럽게 우는 건 할머니가 죽어서도 박스를 줍고 계시다는 사실 때문이었다. 서윤은 외마디 비명과 함께 자리에서 일어났다. 은지가 화들짝 놀라 서윤에게 다가왔다. 은지는 "서윤아? 괜찮아? 응? 왜 그래?" 하고 물으며 서윤을 안았다. 서윤은 아무 대꾸도 하지 못한 채 침대 위에 뻣뻣이 누워 아주 오랫동안 큰 소리로 울었다.

다음 날 두 사람은 호텔을 떠났다. 그러곤 메콩 강을 따라 베트남으로 향했다. 물빛 하늘빛이 그윽해 침착하고 평온한 마음이 들었다. 은지는 지난밤 일에 대해 아무것도 묻지 않았다. 대신 간밤에 아이팟이 고장 난 것 같다며, 하노이에 도착하면 애플 서비스 센터부터 찾아봐야겠다고 화제를 돌렸다. 은지는 서윤의 집안 내력에 대해 잘 알지 못했다. 서윤이 자기를 집에 초대한 적도, 부모님께 인사시켜준 적도 없어서였다. 다만 언제였더라. 현대문학 스터디 때 서윤이 "교수님들 세대는 가난이 미담처럼 다뤄지는데 우리한테는 비밀과 수치가 돼버린 것 같아"라고 웅얼대던 것을 기억하고 있었다. 은지는 그동안 서윤과의 감정도 풀 겸 먼저 이런저런 얘기를 꺼냈다.

"후에라고 베트남의 경주 같은 곳이 있는데 고즈넉하고 참 좋대. 아마 네가 좋아할 거야. 다빈이 만나면 거기 꼭 가보자고 하자."

"응."

"나짱도 가자. 우리 비키니 한 번 더 입어야지?"

"그래."

두 사람이 탄 배 옆으로 조그맣고 길쭉한 쪽배 하나가 따라붙었다. 배 안에는 캄보디아 소년 두 명이 타고 있었다. 그중 대여섯 살쯤 돼 보이는 꼬마 아이의 목에 커다란 뱀이 걸려 있었다. 그리고 그 옆에 그 애 형으로 보이는 소년이 관광객을 향해 구걸을 하고 있었다. 뙤약볕 아래 그대로 노출된 꼬마는 뱀을 목에 두른 채 피곤한 듯 꾸벅 졸고 있었다. 가만 보니 뱀도 따라 졸고 있는 듯했다. 몇몇 백인이 그들에게 돈을 던져주는 모습이 보였다. 서윤과 은지는 캄보디아에서 이미 너무 많은 걸인을 보아온 터라 다른 데로 시선을 돌렸다.

얼마 뒤 두 사람은 베트남 국경에 도착했다. 서윤은 등산 가방을 멘 채 배에서 폴짝 뛰어내렸다. 하지만 은지가 육지에 발을 딛기까지는 보다 복잡한 과정이 필요했다. 캐리어 무게가 어마어마해 점프며 이동이 쉽지 않아서였다. 더욱이 은지는 굽 높은 샌들 차림에 한 손에는 비닐 쇼핑백까지 들고 있었다. 가방에 다 못 들어간 생필품과 기념품 따위를 담은 거였다. 두 사람은 검문소로 가기 위해 잡초가 우거진 야트막한 언덕을 올라야 했다. 다른 관광객들 또한 마찬가지였다. 은지는 언덕 초입에서부터 몇 번 자빠졌고 결국 온몸에 흙먼지를 뒤집어쓰고 말았다. 그런데 마침 한

무리의 베트남 아이들이 이제 막 국경에 도착한 여행객을 향해 쏜살같이 달려왔다. 하나같이 강마른 게 체구가 작은 소년들이었다. 햇빛 아래 반짝이는 메콩 강 주위로 잠자리 떼가 날아다녔다. 어른의 얼굴을 한 늙은 아이들이 소란스레 외국인의 짐을 날라주며 호객 행위를 했다. 검문소가 있는 데까지 가방을 옮겨준 뒤 팁을 받으려는 모양이었다. 서윤은 지친 얼굴로 멍하니 그들을 바라봤다. 그 안에도 나름 위계질서가 있는지 중간에 약한 아이의 몫을 가로채는 녀석이 보였다. 근처에서 보초를 선 경비원 두 명이 소극적으로 손을 휘이— 저으며 녀석들을 쫓아냈다. 그때마다 아이들은 일제히 물러섰다 잠자리 떼처럼 다시 모여들었다. 그런데 순간 예닐곱쯤 돼 보이는 사내아이가 은지의 캐리어를 강탈하듯 낚아챘다. 은지가 뭐라 할 틈도 없이 순식간에 일어난 일이었다. 소년은 동글동글 선량하고 약삭빠른 눈으로 방긋 웃은 뒤 '도와드리겠다' 말했다. 그러곤 어깨에 은지의 캐리어를 이고 씩씩하게 앞장서 갔다. 은지는 소년의 행동에 당황하다 체념과 피로와 짜증이 섞인 말투로 중얼거렸다.

"에이씨, 들어주면 나는 땡큐고."

소년들은 저마다 캐리어를 등에 이고 있었다. 언덕길이 무르고 가팔라 바퀴 달린 가방을 끌고 가기에 얄궂어서였다. 서윤은 은지의 짐을 채간 소년의 움직임이 어딘가 어색하다는 걸 눈치챘다. 중심을 못 잡고 기우뚱거리는 게 가만 보니 한쪽 다리를 절고 있었다. 순간 서윤의 동공이 커다랗게 열리더니, 얼굴 전체가 고통스럽게 일그러졌다. 서윤이 야멸치게 은지를 불렀다.

"야, 서은지."

"응?"

"도로 갖고 와."

방금 전 서윤이 한 말이 도저히 믿기지 않는다는 얼굴로 은지가 반문했다.

"뭐?"

"저 가방, 다시 갖고 오라고."

순간 은지의 얼굴이 귀밑까지 빨개졌다.

"뭐라고?"

그러자 서윤이 정신 나간 사람처럼 고함치기 시작했다.

"네 캐리어! 니 꺼니까 니가 들라고!"

은지는 애써 호흡을 가누려 노력했다. 하지만 눈에는 이미 이슬이 맺혀 있었다. 은지는 눈물을 보인 자신이 못마땅한 데다 억울함과 수치심이 북받쳐 몸을 떨었다.

"그렇지? 네가 늘 옳지? 너만 항상 바르지? 너만 잘났지?"

"뭐 이년아?"

은지가 울먹이며 쉬지 않고 쏘아댔다.

"그래서? 그렇게 착해서 썸낭이 꼬치구이 줬을 때 슬쩍 버렸니? 더러워서 겁났어? 너는 몰래 치웠다고 생각할 테지만 다 봤다고. 그때 썸낭 표정이 어땠는지 알아? 그래도 난 다 먹었다고. 다 먹었다고 이 나쁜 년아."

은지는 그 자리에 털썩 주저앉았다. 그러곤 입을 벌린 채 아이처럼 울었다. 저쪽 검문소 앞에서 영문을 모르는 소년이 어리둥절한 얼굴로 두 사람을 바라봤다. 그러곤 얼마 안 있다 짧은 영어로 '하이! 나 여기 있어요. 이리로 와요'라고 외쳤다.

그리고 그게 끝이었다. 두 사람이 직접적으로 말을 섞은 것은. 서윤과 은지는 하노이 공항에 죽치고 앉아 다빈만 기다리고 있었다. 1분이 10분처럼 10분이 영원인 양 느껴지는 시간이었다. 약속 시간이 훌쩍 지나도록 다빈은 공항에 나타나지 않았다. 출국 게이트에서 목을 길게 뺀 채 일일이 탑승객의 얼굴을 확인해도 마찬가지였다. 참다못해 먼저 전화를 한 건 은지였다. 하지만 그것도 순전히 '혹시나' 하는 마음에 걸어본 거였다. 몇 번의 신호음 끝에 저쪽에서 다빈이 전화를 받았다.

"헬로우?"

"야!"

"헬로우?"

"너 뭐야."

은지의 연락에 놀란 쪽은 다빈이었다. 다빈은 며칠 전 공항에 못 간다는 메일을 보냈는데 아직 안 본 거냐며 어쩔 줄 몰라 했다. 그러곤 미안하다고. 한참 전에 연락한 거라, 이미 확인했을 거라 믿었다 했다. 순간 은지는 욱하는 기분이 들었지만 '그러냐'고 마음에도 없는 소리를 했다. 다빈은 한 번 더 미안하다고, 베트남 출신 룸메이트와 갑자기 사이가 틀어져 그렇게 됐다고 설명했다. 은지는 '괜찮다'고 말하려다 화가 나 전화를 툭 끊어버렸다. 은지가 돌아왔을 때 서윤은 시선을 피하며 딴청을 부렸다. 서윤은 통화 내용이 궁금했지만 먼저 말을 걸지는 않을 모양이었다. 은지는 서윤으로부터 두어 자리 떨어진 곳에 주저앉았다. 그러곤 대체 이 여행을 어떻게 마무리해야 좋을지 몰라 맥없이 먼 곳만 바라봤다. 서윤 역시 부루퉁한 얼굴로 공항 천장을 응시했다. 이들의 발길이 어디로 향할지 또 어디에 머물지는 아직 예측할 수 없었다.

ⓒ 『비행운』, 김애란 지음, 문학과지성사, 2012

작가 소개

김애란

인천에서 태어났으며, 한국예술종합학교 극작과를 졸업했다. 2002년 대산대학문학상에 단편 「노크하는 집」이 당선되어 등단했다. 대표작으로 『달려라, 아비』, 『침이 고인다』, 『비행운』, 장편소설 『두근두근 내 인생』 등이 있다.

느낌들

친구를 알고 싶다면 함께 사흘만 여행을 떠나보라는 서양 속담이 있다. 평소 보이지 않던 습관, 생각, 행동을 알 수 있기 때문일 터. 잠시 만나 즐겁게 이야기를 나누거나 취미 활동을 하는 것과 달리 여행은 개인적인 잠버릇, 식습관은 물론 배려와 양보의 마음까지 적나라하게 드러난다. 다시는 함께 여행하고 싶지 않다고 해서 그 우정이 가짜는 아니겠지만, 어디든 또다시 함께 떠나고 싶어졌다면 돈으로도 살 수 없는 진짜 친구를 얻은 셈이다.

마중물 독서 2

사랑과 우정에 대하여

1판 1쇄 발행 2017년 9월 15일
1판 2쇄 발행 2018년 11월 27일

엮은이 류대성, 왕지윤, 서영빈
펴낸이 한기호
책임편집 이은진
편집 박주희
마케팅 연용호
경영지원 김윤아
디자인 김경년
인쇄 예림인쇄

펴낸곳 (주)학교도서관저널
출판등록 제2009-000231호(2009년 10월 15일)
주소 121-839 서울시 마포구 동교로 12안길 14(서교동) 삼성빌딩 A동 3층
전화 02-322-9677 팩스 02-322-9678
전자우편 slj9677@gmail.com
홈페이지 www.slj.co.kr

ISBN 978-89-6915-039-4 (04800)
　　　978-89-6915-037-0 (세트)

·이 도서의 국립중앙도서관 출판예정도서목록(CIP)은 서지정보유통지원시스템 홈페이지 (http://seoji.nl.go.kr)와 국가자료공동목록시스템(http://www.nl.go.kr/kolisnet)에서 이용하실 수 있습니다. (CIP제어번호 : CIP2017023092)
·이 책에 실린 글들은 저작권자로부터 사용 허가를 받고 계약에 따른 사용료를 지급한 것입니다.
·책값은 뒤표지에 있습니다.